Wolfgang Krüger ■ Die Faszination des Geldes

Wolfgang Krüger

Die Faszination des Geldes

Begierde,
Sehnsucht, Leidenschaft

Kösel

ISBN 3-466-30467-9
© 1998 by Kösel-Verlag GmbH & Co., München
Printed in Germany. Alle Rechte vorbehalten
Druck und Bindung: Kösel, Kempten
Umschlag: Kaselow Design, München
Umschlagfoto: Bavaria / Picture Crew

1 2 3 4 5 · 02 01 00 99 98

*Gedruckt auf umweltfreundlich hergestelltem Werkdruckpapier
(säurefrei und chlorfrei gebleicht)*

Inhalt

Das Tabuthema Geld 7

Die Sehnsucht nach Reichtum 19

Last und Lust von Erbschaften 61

Macht Geld glücklich? 77

Ist Liebe käuflich? 111

Die Überschätzung des Geldes 141

Der schwierige Umgang mit Geld 169

Geldsinn und Lebensträume 199

Die Angst vor dem Euro 219

Anmerkungen 231

Das Tabuthema Geld

Während einer Zugfahrt führte ich vor einiger Zeit kurze Interviews durch. Ich wollte herausfinden, was mir unbekannte Menschen über ihr persönliches Leben, insbesondere über ihre Einstellung zum Geld erzählen würden. Bereitwillig antworteten die 20 Mitreisenden, als ich sie zunächst nach ihrem letzten Urlaubsort und der Größe ihrer Wohnung fragte. Bei der Frage nach ihrem Beruf waren drei schon sehr zurückhaltend. Doch beim Thema Geld lief ich geradezu gegen eine Wand. Ich fühlte mich plötzlich so, als hätte ich eine unanständige Frage gestellt. Dabei wollte ich nur wissen, wie hoch das Nettoeinkommen der Betreffenden war. »Das sage ich Ihnen nicht. Diese Frage ist viel zu intim, das geht Sie nichts an«, entgegnete mir recht hitzig ein 50-jähriger Bankkaufmann.

Noch drastischer äußerte sich eine 62-jährige Geschäftsfrau, als ich in einer Therapiegruppe die Teilnehmer bat, ihre Einkommens- und Vermögensverhältnisse offen zu legen. Ich wollte erkunden, wie tabuisiert diese Thematik ist, und bekam eine heftige Abfuhr von der resoluten Gruppenteilnehmerin. Zornig verkündete sie: »Ich würde mich eher auf dem Marktplatz nackt ausziehen, als hier zu erzählen, wie

7

meine finanziellen Verhältnisse sind. Dann würde ja jeder sehen, wie mein Leben ist.«

Die Geldbeichten im Freundeskreis

Ich fragte mich daraufhin, ob es nicht besser sei, diese Umfrage im Freundeskreis fortzusetzen, wo ein wesentlich engeres Vertrauensverhältnis besteht. Dieses Vertrauen äußert sich vor allem darin, dass man über sehr viele intime Dinge reden kann. Wenn dies nicht möglich ist, sollte man doch eher von einer Bekanntschaft sprechen. Also konfrontierte ich meine Freunde mit dem Wunsch, dass wir uns auch über unsere »Finanzen« austauschen sollten. Tatsächlich waren einige Freunde durchaus bereit, sehr offen unsere finanziellen Angelegenheiten zu erörtern. Dazu gehörte unser Einkommen und die Steuern, unser Vermögen, unsere stillen Reserven für Notfälle, die Alterssicherung und die Frage, ob wir irgendwann etwas erben würden. Doch zwei sehr enge Freunde, die sonst über alles redeten, reagierten regelrecht zugeknöpft. Während sie über ihre Ehe und sogar ihre Sexualität freizügig sprachen, war für sie das Thema Geld tabu. Einer der beiden Freunde hatte geerbt – alle munkelten, es müsse sehr viel Geld gewesen sein –, aber niemand wusste, um welche Summe es sich genau handelte. Und der andere Freund hatte in den letzten zehn Jahren so viel Geld verdient, dass er inzwischen mehrfacher Millionär war. Als er mir bei einem Abendessen beipflichtete, man müsse mehr über das Geld reden, wagte ich einen kühnen Vorstoß: »Wie viel Millionen hast du jetzt, sind es drei oder fünf?« »Das wirst du nicht von mir erfahren, das geht niemanden was an«, entgegnete etwas schroff der ansonsten liebenswürdige Freund.

Das Zeitalter der Offenheit

Offenbar ist es ungehörig, die Frage nach dem Geld zu stellen. Wir dürfen einen guten Freund heutzutage vieles fragen: wie es ihm im Beruf geht, wie er sich mit seiner Ehefrau versteht und wie es sich mit seiner Gesundheit verhält. Doch über die finanziellen Verhältnisse wird meist nicht gesprochen. Zwar können Männer häufig leidenschaftlich darüber diskutieren, wie man das Geld am besten in Aktien anlegt, ob die Kurse steigen oder fallen werden und wo die Hypothekenzinsen besonders niedrig sind. Und auch immer mehr Frauen sprechen im Freundeskreis über günstige Geldanlagen. Doch über die konkreten finanziellen Verhältnisse reden sowohl Männer als auch Frauen fast nie. Sie kommen nicht auf die Idee, Freunden zu erzählen, wie hoch das eigene Einkommen, die Schulden und die monatlichen Fixkosten sind.

Diese Zurückhaltung mag erstaunen, denn wir leben in einem Zeitalter, in dem scheinbar offen über alles gesprochen wird. In Talkshows wird rückhaltlos über sexuelle Phantasien berichtet und fast alles wird zum Gegenstand einer »mediengeilen« Gesellschaft. Doch beim Thema Geld sind wir plötzlich reserviert. Deshalb mache ich immer wieder die Erfahrung, dass meine Analysanden die größten Schwierigkeiten haben, in einer Therapiegruppe über ihre Finanzen zu sprechen. Eher reden sie nach einigem Zögern darüber, ob es »im Bett« klappt. Sie »beichten«, dass sie wegen eines vorzeitigen Samenergusses in die Therapie kommen, dass in ihrer Ehe nichts mehr läuft, oder sie berichten mit leuchtenden Augen, dass sie während ihrer letzten Kur fremdgegangen seien.

Geld als Maßstab des Lebenserfolges

Über ihre finanziellen Verhältnisse reden meist nur jene Menschen, die glauben, dass Lebensleistung und Geld bei ihnen in keinem Zusammenhang stehen. Beispielsweise sprechen Studenten im Allgemeinen recht locker darüber, wie wenig Geld sie besitzen. Doch diese Notlage ist für sie vorübergehend und sagt nichts über ihre Tüchtigkeit im Studium aus. Auch allein erziehende Mütter, die durch die Betreuung ihrer kleinen Kinder zu Sozialhilfeempfängerinnen geworden sind, haben mir in den Interviews offen geantwortet. Bei allen anderen Menschen hatte ich den Eindruck, dass sie vor allem deshalb ihre Geldverhältnisse nicht mitteilen, weil dies ihren »finanziellen Lebenserfolg« offen legen würde.

Der Geist der Askese

Auf die Tatsache, dass wir das Geld als einen Indikator des Lebenserfolgs ansehen, hat bereits der Soziologe Max Weber hingewiesen. Er meinte schon 1904, dass die Entstehung des Kapitalismus nur durch einen Geist der Askese möglich gewesen sei. Nicht das Vergnügen, nicht die Lust, nicht die Fähigkeit, das Leben zu genießen, sondern die Arbeit und deren Lohn sollten zum zentralen Pfeiler des Lebens werden. Und alledem wohnte ein Geist des Geizes inne, denn man musste sowohl mit seiner Zeit als auch mit dem Geld sparsam umgehen. Die Zeit- und Geldvergeudung sei die schwerste (!) aller Sünden gewesen. Denn Gott sei nur zu denen wohlgefällig, die fleißig arbeiteten und auf ihr Geld achteten. Durch einen asketischen Sparzwang wurde so die erforderliche Kapitalbildung ermöglicht. Diese Lebenseinstellung war ebenso tief verwurzelt wie die Zehn Gebote. Und sie war so tief greifend, dass wir noch heute daran »glauben«, dass ein gutes, erfolgreiches Leben immer am finanziellen Erfolg gemessen werden kann.[1]

Die Allgegenwart des Neides

Wer sich als finanzieller Versager empfindet, redet nicht gern übers Geld. Doch das Tabu des Geldes gilt, wie wir schon gesehen haben, auch für jene, die viel Geld besitzen. Ein Sprichwort sagt: Ohne Geld bist du ein Wurm, mit Geld bist du ein Drache. Und wer ist schon gern ein Drache? Deshalb haben auch jene Menschen Mühe, über das Geld zu sprechen, die über viel Einkommen und Vermögen verfügen. Und diese Zurückhaltung ist oftmals nicht ganz unberechtigt. Wer seinen Reichtum zu sehr zur Schau stellt, riskiert immer den Neid der anderen. Dieser Neid ist so verbreitet, dass er als sozialer Volkssport bezeichnet werden kann. Neiden und Beneidetwerden ist das meiste Tun auf Erden – lautet ein weiteres Sprichwort. Tatsächlich sind wir alle gelegentlich etwas neidisch, und dies umso mehr, wenn jemand »unverdientermaßen« zu seinem Vermögen gekommen ist. Hat sich jemand das Geld hart erarbeitet, sich offensichtlich dabei ein Magengeschwür zugezogen und ist er dann kaum noch in der Lage, sein Geld wirklich zu genießen, gönnen wir ihm das finanzielle Glück. Doch wie ist es, wenn ein Bekannter unerwartet eine große Erbschaft macht, der Freund im Lotto gewinnt oder ein Kollege für die gleiche Arbeit erheblich mehr Geld verdient? Und wie fühlen wir uns, wenn der Nachbar seit einigen Wochen ein größeres Auto fährt oder sich plötzlich ein schönes Haus leisten kann? Bisher wussten wir nur, dass er in einer Bank tätig ist, haben uns mit ihm im Treppenhaus unterhalten und nun ärgert es uns irgendwie, was sich dieser »Typ« alles leisten kann.

Die mittlere Nähe des Neides

Der Neid ist immer das Ergebnis eines Vergleichs, bei dem wir feststellen müssen, dass es uns schlechter geht. Schon der Philosoph Ludwig Feuerbach betonte, was man sei, könne man nur durch den Unterschied zu anderen erkennen. Um uns mit anderen zu vergleichen, brauchen wir äußere Indikatoren als Vergleichsgrößen. Ob unsere Nachbarn innerlich glücklich sind, ob sie über Humor verfügen oder ein erfülltes Sexualleben haben, ist für uns kaum zu ermitteln. Und wir könnten dieses innere Glück auch kaum messen und in eine Zahl pressen. Was uns bei Nachbarn und Kollegen tatsächlich ins Auge springt, ist der materielle Lebenserfolg. Ihn können wir messen. Er ist sichtbar. Wir nehmen ihn aber auch deshalb so wichtig, weil wir zutiefst davon überzeugt sind, dass der materielle Reichtum und das Lebensglück eng miteinander verknüpft sind. Wäre dies nicht der Fall, wären wir beim Geld viel gelassener und würden gelegentlich sogar den hart arbeitenden Manager bemitleiden, wenn er sich wieder eine neue Luxuskarosse kaufen »musste«, um damit seinen Status herauszustellen. Doch fast automatisch verbinden wir das Geld mit dem Glück und sind daher neidisch, wenn der andere viel mehr hat als wir.

Wir vergleichen uns jedoch nicht mit jedermann. Beim Neid gilt das Gesetz der »mittleren Nähe«. Der Multimillionär auf Mallorca ist in der Regel sozial zu weit weg, als dass wir uns mit ihm vergleichen. Auch bei sehr guten Freunden sind wir selten neidisch. Denn wirklich gute Freunde stehen uns innerlich sehr nahe, das reduziert den Neid. Demgegenüber ist es ausgesprochen neidfördernd, wenn Menschen in einer ähnlichen sozialen Situation leben, während wir gleichzeitig wenig von ihnen wissen. Zu ihnen besteht die erwähnte mittlere Nähe. Deshalb ist es meist nicht ratsam, einem Kollegen zu sagen, wie viel man verdient. Typisch ist die Erfahrung und Erkenntnis einer 45-jährigen Beamtin: »Man darf selbst engen Kollegen nicht sagen, welches Einkommen man hat. Als ich meiner Freundin, die auch in der Verwaltung arbeitet, sagte, dass ich mir eine Eigentumswohnung gekauft hatte, und ihr mein Nettoeinkommen verriet, war sie wie vom Schlag gerührt. Ich vermute, dass diese sehr ehrgeizige Kollegin darüber gekränkt war, dass sie weniger verdient, obgleich sie sehr tüchtig ist und auch eine höhere Position innehat. Doch ich bin wesentlich älter, habe ein Kind und verdiene deshalb mehr. Aber das überblickt sie vermutlich nicht. Ich werde also in Zukunft schweigen und mich damit rausreden, dass man über sein Einkommen nicht reden darf.«

Auch im Bekanntenkreis sollte man finanzielle Bekenntnisse vermeiden. So machte ein Manager sehr negative Erfahrungen, der unbekümmert darüber gesprochen hatte, wie viel er verdient. Er war stolz auf sein Einkommen, betrachtete es auch als eine Anerkennung seiner Leistungen und erlebte nun, dass einer seiner Bekannten äußerst reserviert reagierte. Dieser hatte eine Tätigkeit im Rahmen des Arbeitsbeschaffungsprogramms und wusste nicht, ob er seinen Arbeitsplatz im nächsten Jahr behalten würde. Dieser Bekannte ahnte natürlich nicht, wie oft auch der Manager schon um seinen Job gezittert hatte, unter welchen Alpträumen er häufig litt und dass er schließlich sogar eine Psychotherapie beginnen musste, weil er Angst hatte, dem Stress nicht mehr gewachsen zu sein.

»Dem Neide wirst du entgehen, wenn du verstehst, dich im Stillen zu freuen«, lautet eine philosophische Erkenntnis. Redet man dennoch über die Finanzen, sollte man immer gleichzeitig erwähnen, dass man sich für das Geld fast »totgeschuftet« habe und nun vor lauter Sorgen um Aktienkurse und die Steuer kaum noch schlafen könne. Im Gegensatz zu den Vereinigten Staaten, wo man offen und mitunter geradezu geltungssüchtig sein Einkommen hinausposaunt, ist es in Europa durchaus ratsam, diesbezüglich zurückhaltend zu sein.

Die Tabuisierung des Geldes und der Sexualität

Wenn wir mit unseren Mitmenschen gut auskommen wollen, müssen wir also jene Tabus beachten, die das Thema Geld umgeben. Wir können uns nicht unbekümmert über alle sozialen Spielregeln hinwegsetzen. Doch wenn wir diese Tabus zu ernst nehmen, hat das verhängnisvolle Auswirkungen. Denn wenn wir uns nicht zumindest ansatzweise über das Geld unterhalten können, werden wir ihm unbewusst eine zu große Bedeutung beimessen. Das Verdrängte führt dann ein Eigenleben, das zu wenig unserer Kontrolle unterliegt. Wir überschätzen dann das Geld in ähnlicher Weise wie früher die Sexualität.

Die Tabuisierung der Sexualität hat in früheren Generationen dazu geführt, dass man oftmals nur »daran« dachte, wenn ein Mann und eine Frau allein waren. Das Verdrängte, Geheimnisvolle, Tabuisierte hatte im Denken der Menschen einen viel zu großen Stellenwert. Indem wir heute tagtäglich den Liebesakt im Fernsehen betrachten können, ist er für uns zu etwas ganz Normalem geworden. Man muss kein Loch mehr in die Kabinenwand der Umkleidekabinen eines Schwimmbades bohren, um jemanden nackt zu sehen.

Nun gibt es mittlerweile auch über das Geld sehr viel Literatur. Sie vermittelt uns die Technik des Geldes. Wie kann man sinnvoll mit dem Geld umgehen? – Diese Frage beschäftigt offenbar Millionen Leser. Es gibt Zeitungen, die ausschließlich Finanz- und Börsentipps enthalten. Und wir werden jedes Jahr mit vielen Büchern überflutet, die sich

14

mit dem Umgang mit Aktien, der Finanzierung des Hausbaus oder den pfiffigsten Steuertricks beschäftigen. Mein Buchhändler sagte kürzlich, Bücher über Steuertipps und Kochbücher würden sich am besten verkaufen. Essen und Steuern zu sparen gehört offenbar zu den wichtigsten Themen unseres Lebens.

Angesichts dieser Bücherfülle verwundert es mich immer wieder, dass sich so gut wie keine Bücher mit der Psychologie des Geldes beschäftigen. Abgesehen von den Forschungen Sigmund Freuds und seiner Mitarbeiter, die beispielsweise auf den Zusammenhang zwischen Verstopfung und Sparsamkeit hingewiesen haben, gibt es kaum Veröffentlichungen über die Rolle des Geldes in unserem Gefühlsleben. Das erstaunt, denn die Forschungen Freuds waren bahnbrechend. Freud hat immer wieder darauf aufmerksam gemacht, wie sehr die Sprache des Geldes mit dem Kot zu tun hat. »Wir fühlen uns beschissen«, sagen wir, wenn wir um Geld betrogen wurden. Und wir stellen fest, dass »Geld nicht stinkt«. Andere Autoren haben auf diesen freudschen Erkenntnissen aufgebaut und gemeint, dass der Kapitalismus nur durch den »analen Typus« möglich gewesen sei. Dieser leide nicht nur auf der Toilette unter dem Problem des Nicht-Hergeben-Könnens. Auch beim Geld sei er geizig, sparsam und sein einziges Lebensziel sei die Anhäufung von Reichtümern.

Neben dieser Psychoanalyse des Geldes gibt es wenig Vergleichbares zu diesem Thema. Die Schar der Psychologen hat sich in den letzten Jahren vielem angenommen, was bisher verdrängt wurde. Sie kümmerten sich um die Probleme des Seitensprungs, des Neides oder der Kunst der Intrige. Doch die Gefühle des Geldes blieben ein Tabuthema.

Geld als Lebensaufgabe

Wir sprechen zwar ständig über Geld, aber immer nur auf der Ebene der Technik. Unser Verhalten ähnelt hier dem gehemmter Jugendlicher, die hinsichtlich der Sexualität vorwiegend über die »Technik« reden. Insofern ist unsere Einstellung zum Geld pubertär. Wir lernen zwar, wie wir mit dem Geld umgehen können. Beispielsweise erfahren wir, wo man die meisten Zinsen bekommt und welche Aktien man kaufen sollte. Doch die eigentlich spannenden und wichtigen Fragen bleiben ausgespart:

○ Warum sind wir vom Geld so fasziniert?
○ Macht Geld glücklich?
○ Warum haben viele Menschen kein vernünftiges Verhältnis zum Geld?
○ Welche gefühlsmäßige Bedeutung hat das Geld in unserem Leben?

Über solche Fragen wird viel zu wenig gesprochen. Wir sind auch nicht bereit, uns bei diesen Fragen emotional zu öffnen. Kaum jemand gibt öffentlich zu, dass er gern reich wäre und Geld für ihn eine enorme Ich-Stabilisierung darstellt. Und niemand wird erzählen, wie gern er immer wieder seinen Vermögensstand errechnet, nachdem die Aktienkurse gestiegen sind. Doch auch jene Menschen, deren Einkommen gesunken ist, werden nicht berichten, wie sehr sie das deprimiert. Ihre inneren Spannungen und Schwierigkeiten in der Partnerschaft behalten sie für sich. Und so erfahren wir nicht, dass es mit der Lohnkürzung auch zu sexuellen Problemen gekommen ist. Diese Spachlosigkeit hinsichtlich des Geldes ist verhängnisvoll, denn sie führt letztlich dazu, dass wir die Bedeutung des Geldes enorm überschätzen.

Es ist also eine radikale Enttabuisierung des Geldes erforderlich. Sie müsste bewirken, dass wir im privaten Kreis und auch in der Öffentlichkeit viel mehr über die Rolle des Geldes in unserem Leben sprechen. Wir sollten beginnen zu reflektieren, welche Erwartungen und Glücksgefühle wir mit dem Geld verbinden, und eine vernünftige Einstellung gegenüber dem Geld gewinnen. Dazu ist es erforderlich, eine intensive Beziehung zum Geld einzugehen, es ernst zu nehmen und innerlich zu bejahen. Sonst wird unser Leben auf Dauer nicht nur finanziell gefährdet, sondern wir werden insgesamt zu wenig bodenständig leben. Schließlich ist das Geld ein Element der materiellen Erdverbundenheit, die unserem Leben die notwendige Bodenhaftung verleiht. Andererseits: Wenn wir das Geld zu ernst nehmen, wenn wir nur noch an das Geld denken, werden wir zu phantasielosen Materialisten. Denn die ausschließliche Beschäftigung mit dem Geld kann auch gefühlsabtötend wirken und uns den Zugang zur Welt der Ideale und Hoffnungen versperren. Wir müssen uns deshalb jene inneren Kräfte bewusst machen, die unser Verhältnis zum Geld steuern. Doch diese Auseinandersetzung mit dem Geld – und letztlich unserer verborgenen »Seelenmechanik« – ist nicht einfach und so aufregend, als würden wir eine dunkle Höhle betreten, in der ein Feuer speiender Drache wohnt. Tatsächlich ist das Geld eine faszinierende, aber auch teuflische Kraft, und es ist von entscheidender Bedeutung, ob wir sie bändigen können, indem wir eine vernünftige, vitale Einstellung zu ihr bekommen.

Die Sehnsucht nach Reichtum

Bei einer Umfrage stieß ich auf einen erstaunlichen Widerspruch. Mehr als 80 % der Befragten stimmten sowohl der Aussage »Geld regiert die Welt« als auch der Überzeugung »Geld ist nicht so wichtig« zu. Sie wollten damit aussagen, dass sie in einer Welt leben, in der das Geld eine überragende Bedeutung hat, doch für sie persönlich würde das nicht zutreffen. Für sie sei das Geld weniger wichtig als Liebe, Gesundheit, Lebensglück, erläuterten sie mir daher, als ich genauer nachfragte. Aber es sei für sie beruhigend, über genügend Geld zu verfügen.

Das wertvolle Glückslos

Doch diese recht vernünftig klingende Einstellung zum Thema Geld ist tatsächlich nicht sehr tief in unserem Bewusstsein verankert. Es handelt sich dabei oft nur um ein oberflächliches Lippenbekenntnis, das die herrschende soziale Norm wiedergibt. Und diese besagt, dass Geld nicht so wichtig und das Streben nach Vermögen eher anrüchig ist. In unserem tieferen Seelenleben messen wir dem Geld jedoch meist eine recht große, irrationale Bedeutung bei. Denn wenn wir wirklich so vernünftig mit dem Geld umgehen könnten, würden wir uns zwar für schwierigere Zeiten etwas zurücklegen, doch wir würden nicht so übermäßig arbeiten, wie es viele Männer zu tun pflegen, die das Leben kaum genießen können.

Insgeheim haben fast alle Menschen den Wunsch nach Reichtum. Natürlich reden wir nicht darüber, weil wir zur Bescheidenheit erzogen worden sind. Und für die meisten Menschen ist es völlig illusionär, eines Tages drei Millionen Mark zu besitzen. Doch wie übermächtig dieser Traum ist, zeigt sich beispielsweise am Lottospielen. Einmal im Lotto zu gewinnen ist die Hoffnung von Hunderttausenden, die jede Woche ihre Tippscheine abgeben. Wenn Jackpots ausgespielt werden oder Sonderziehungen anstehen, bilden sich vor den Lottoannahmestellen lange Schlangen, und es werden bis zu 32 Millionen Scheine abgegeben. Wer dann einen größeren Gewinn im Lotto »einstreicht«, gewinnt mehr Aufmerksamkeit als bei vielen anderen Lebensereignissen.

Dies mussten auch die Freunde eines Brautpaares erleben, die zur Hochzeit ein Lotterielos verschenkt hatten, das später 750.000 DM gewann. Dieses Brautpaar meldete sich daraufhin zunächst nicht mehr. Als nun die ziemlich irritierten Freunde bei einem Fest auftauchten, wurde nur darüber gesprochen, ob das Paar nicht den Freunden etwas abgeben müsse. Die einen waren der Ansicht, das Paar habe den Schein geschenkt bekommen und müsse den Gewinn nicht teilen. Schließlich sei es doch der Sinn dieses Geschenks, dass man dem anderen einen großen Gewinn wünsche, dafür aber nur wenig bezahlt. Die anderen argumentierten, dass dafür aber der Gewinn unverhältnismäßig groß sei. Bei einem solch großen Geschenk müsse man was abgeben, um den Schenkenden zu besänftigen. Das tat schließlich das Brautpaar, indem es den Freunden 50.000 DM des Gewinns überließ.

Noch nie erlebten wir bei einem Fest eine dermaßen leidenschaftliche Diskussion. Denn jeder war offenbar von der Möglichkeit des Reichwerdens fasziniert. Und letztlich war es ein tragischer »Unglücksfall«, dass die Freunde das Glückslos verschenkt und nicht behalten hatten. Durch diese »Dussligkeit« schwebte die Glücksfee haarscharf an ihnen vorbei.

Das Märchen vom geschenkten Glück

Nun wird mancher einwenden, er wolle gar nicht reich werden. Doch das ist meist eine »Falschaussage«. Vielleicht will er sich tatsächlich nicht um Reichtum bemühen und sich »abrackern«, aber die Annehmlichkeiten des Reichtums würde er insgeheim schon gern genießen. Auch er würde sich glücklich schätzen, wenn er einen Gönner hätte, der ihm Geld schenken würde. So erging es beispielsweise dem 51-jährigen Wagner, dem vom 19-jährigen Ludwig II. versprochen wurde: »Die niedern Sorgen des Alltagslebens will ich von Ihrem Haupte auf immer verscheuchen, die ersehnte Ruhe will ich Ihnen bereiten, damit Sie im reinen Äther Ihrer wonnevollen Kunst die mächtigen Schwingen Ihres Genius ungestört entfalten können.«[2]

In diesem Sinne wünscht sich wohl jeder, dass die Glücksfee zu ihm kommt und sein Leben verzaubert. Er könnte dann wie im Schlaraffenland leben und sich die gebratenen Tauben in den Mund fliegen lassen. Von der Last des Tages wäre er befreit und könnte tun und lassen, was er will.

Wie wäre es also, wenn das Märchen mit dem Goldesel wahr würde? Die zahlreichen Märchen mit Aladin und der

Wunderlampe und Tischleindeckdich zeigen, wie tief in uns die Sehnsucht verankert ist, uns das Leben zu erleichtern. Was wäre also, wenn man im Leben endlich einmal etwas geschenkt bekäme? Wenn man nicht immer nur arbeiten müsste, sondern einmal Glück hätte?

Eine aktuelle Umfrage des Forsa-Instituts zeigt, dass fast die Hälfte aller Deutschen davon träumt, für eine Million einkaufen zu können[3]. In der Realität ist es allerdings nicht so einfach, sich von der Glücksfee »einfach so« beschenken zu lassen. Dies wiesen Psychologen mit einem interessanten Versuch nach. Sie verteilten in einer belebten Fußgängerzone 20-Mark-Scheine an die Passanten und stießen auf eine enorme Skepsis. Von der überwiegenden Mehrzahl der Vorbeikommenden wurde das Geld abgelehnt. Die Psychologen wurden beschimpft und handgreiflich belästigt. Bei ähnlichen Versuchen rief man sogar nach Sanitätern und der Polizei, um die »Geisteskranken« in Gewahrsam zu nehmen.

Nun mögen diese Versuche tatsächlich ungewöhnlich sein. Ich jedenfalls würde mein sauer verdientes Geld nicht auf diese Weise verschenken. Und die Abwehr der Passanten hatte sicherlich auch folgende Gründe:

1. In unserer Gesellschaft gilt als »verrückt«, wer sein Geld verschenkt. Wer Geld stiehlt, ist fast normal, doch wer es einfach weggibt, ist unzurechnungsfähig.

2. Die gesamte Erziehung besteht weitgehend darin, dass wir das Realitätsprinzip akzeptieren und uns mit den schwierigen Spielregeln des Lebens anfreunden. Doch was wäre, wenn wir plötzlich von einem unbekannten Menschen viel Geld geschenkt oder vererbt bekommen? Wird dann nicht unsere Realitätskontrolle in Frage gestellt?

Während meines Psychologiestudiums ging ich des Öfteren mit einem seelisch ziemlich verwirrten Mann spazieren. Immer wenn ihm in der schönen Gegend ein Haus gefiel, pflegte er zu sagen: »Das würde ich mir schenken lassen.«

Als ich mich gegenüber meiner Partnerin ähnlich äußerte, reagierte sie etwas irritiert. Denn solche Wünsche teilt man normalerweise nicht offen mit. Doch sie sind in uns allen lebendig. Vor allem Kinder verfügen über diese Fähigkeit des intensiven Wünschens. Alle Eltern können vor Geburtstagen ein Lied davon singen. Und selbst erwachsene Frauen – und Männer – haben die leise Hoffnung, sie könnten durch einen reichen Partner plötzlich aller Sorgen enthoben sein. Eine öffentliche Geldverschenkaktion rührt also an leidenschaftlichen Geldwünschen, die wir mühsam überwunden haben. Es handelt sich um eine Versuchungssituation, die unseren Realitätsbezug bedroht. Kinder sind hinsichtlich ihrer Wünsche noch unbefangener. Sie haben deshalb das Geld in der Fußgängerzone einfach genommen.

Onassis und die Wale

Wir stehen nun vor einem eigenartigen Phänomen: Die meisten Menschen haben ihren Wunsch nach Reichtum verdrängt, weil er irreal ist. Und sie sind sogar skeptisch gegenüber dem Reichtum. Und tatsächlich haben wir großen Anlass zur Skepsis, wenn ein Mensch im Laufe seines Lebens viele Millionen oder gar Milliarden angesammelt hat. Mit einem Heiligenschein auf dem Kopf geht das nicht. Trotzdem sind wir mitunter so geblendet vom Glanz des Geldes, dass wir oft gar nicht mehr danach fragen, welche Eigenschaften dieser Multimillionär hat.

Beispielsweise fand ich es immer merkwürdig, welch guten Ruf der griechische Reeder Onassis genoss. Er hatte keine Scheu, mit dem griechischen Diktator Papadopulos befreundet zu sein. Dessen despotische Herrschaft fesselte ihn, war er doch von keiner Wählerschaft behindert, keinem Parlament verantwortlich. Es tat seinem Ruf auch keinen Abbruch, dass er – nur um des Geldes willen – Wale jeglicher Größe abschlachten ließ und sich an der Blutspur des Mordens berauschte. Und auch seine Lebenskultur war merkwürdig primitiv. In einer sehr mondänen Jacht hatte er eine Bar eingebaut, in der sich Plastikblumen und mit weißem Leder bezogene Barhocker befanden. Wenn eine Frau auf einem Hocker Platz nahm, pflegte er manchmal zu sagen, sie würde auf dem größten Penis der Welt sitzen. Das weiße Leder bestand aus der Vorhaut der Wale.

Die Faszination des Geldes

Nun ist das mit dem Reichtum so wie mit manchen schönen Frauen. Selbst wenn wir wissen, wie schwierig und egozentrisch reiche Menschen häufig sind, verliert der Reichtum seine Faszination nicht. Die katholische Kirche hat jahrhundertelang versucht, das Geld – über das sie selbst reichlich verfügt – schlecht zu machen. Das Geld sei des Teufels, wurde ständig von den Kanzeln gepredigt. Trotzdem hat auch die Kirche die Faszination des Reichtums nicht verringern können. Und es sind nie jene Stimmen verstummt, die das Geld fast angebetet haben. Beispielsweise meinte der Schriftsteller Shaw geradezu enthusiastisch: »Die allgemeine Achtung vor dem Gelde ist die einzige hoffnungsvolle Tatsache unserer Zivilisation, die einzig gesunde Stelle an unserem gesellschaftlichen Gewissen. Geld ist das wichtigste Ding auf der Welt. Es bedeutet Gesundheit, Kraft, Ehre, Edelmut und Schönheit ebenso einleuchtend und unleugbar, wie sein Mangel Krankheit, Schwäche, Schande, Gemeinheit und Häßlichkeit bedeutet. Nicht die geringste seiner Wunderkräfte ist es, daß es gemeine Menschen ebenso sicher zugrunde richtet, wie es vornehme Menschen kräftigt und veredelt. Es ist nur dann ein Fluch, wenn wahnwitzige soziale Verhältnisse das Leben selbst zum Fluche machen.«[4]

Was würden Sie machen, wenn Sie drei Millionen im Lotto gewinnen?

Offenbar kann das Geld Möglichkeiten eröffnen, Wünsche erfüllen und Freiräume schaffen. Da wir alle mehr oder minder in sehr engen beruflichen und privaten Grenzen leben, aus denen wir auch aus finanziellen Gründen nicht ausbrechen können, ist das Geld für uns sehr faszinierend. Das vermittelten mir sehr nachhaltig fast alle Interviewpartner, als ich mich bei einer Umfrage danach erkundigte, was die Betreffenden machen würden, wenn sie drei Millionen Mark im Lotto gewinnen würden. Fast alle atmeten tief durch, bekamen glänzende Augen und wirkten fast verträumt. Es war, als würde sich ihnen eine neue Zukunft eröffnen.

Dann verblüffte mich aber doch, wie realistisch die Antworten ausfielen:

○ Bei zwei Drittel der Befragten standen ein Häuschen oder eine Eigentumswohnung an vorderster Stelle der Wünsche. Für sie bestand der »Lebenstraum« darin, in einer schöneren Umgebung zu wohnen. Angesichts des Lärms, der Verkehrsstaus in den Innenstädten und der steigenden Mieten hatten sie vor allem einen Wunsch: ruhig und sicher zu wohnen. Da das Wohnen für uns gleichsam eine zweite seelische Hülle ist, kommt unserem Heim beim Geldausgeben zu Recht große Bedeutung zu.

○ Als Nächstes kam der Wunsch, das Geld anzulegen, um für später abgesichert zu sein. Nur weniger als 25 % wollten spontan ihren Beruf aufgeben. Insofern ist der folgende Traum eines jungen Arztes eher eine Ausnahme: »Ich würde aus dem ganzen Klinikbetrieb, in dem man geradezu verheizt wird, aussteigen. Ich wollte schon immer Musik machen. Am liebsten würde ich den ganzen Tag ausspannen und Klavier spielen.« Fast alle anderen Interviewpartner hatten vor, zunächst weiterzuarbeiten, Fortbildungen zu machen, um dann über ihre berufliche Zukunft zu entscheiden. Für sie war das Geld vor allem eine Sicherheit, die es ihnen ermöglichte, überhaupt ihre jetzige Situation zu überdenken.

Eine 40-jährige Büroangestellte sagte mir: »Sie können sich kaum vorstellen, was das für ein Gefühl wäre: drei Millionen zu haben. Ich müsste ja nicht mehr arbeiten gehen, ich müsste mir nicht mehr alle Frechheiten meines Chefs anhören. Ich könnte alles hinschmeißen. Vermutlich würde ich das gar nicht tun. Doch diese Freiheit wäre schon toll. Jetzt muss ich arbeiten gehen, mein Leben verläuft wie in einer Mühle. Und ich muss manches wegstecken, um den Arbeitsplatz zu behalten. Mit drei Millionen würde ich ganz schön selbstbewusst ins Büro gehen.«

○ An dritter Stelle kam bei den meisten das Vergnügen in Form eines schönen Autos, einer großen Reise. Man wollte sich den kleinen Luxus gönnen, den man sich bisher wegen knapper finanzieller Mittel nicht leisten konnte.

Etwas aus dem Rahmen fiel die Aussage eines 46-jährigen Diplomingenieurs. Er sagte, er würde sich »einen Strick nehmen«, wenn er die Millionen bekäme. »Ich hätte dann viele Freunde, die was abhaben wollen. Ich müsste mich darum kümmern, das Geld richtig anzulegen, ich hätte ständig Ohnmachtsgefühle und Panik. Geld bringt zu viele Sorgen.« Als ich ihm vorschlug, das Geld dann einfach zu spenden oder zu verschenken, lehnte er dies allerdings entschieden ab. Er schaute mich empört an und meinte, er wäre »doch nicht blöd«.

Der verhinderte Lottogewinner

Bei meiner Umfrage bin ich von einem Lottogewinn von drei Millionen Mark ausgegangen. Mit dieser Summe kann man sich schon ein nettes Häuschen kaufen, den Rest an der Börse anlegen und von den Zinsen bzw. Wertsteigerungen unbeschwert leben. Doch die Wahrscheinlichkeit, beim Lotto überhaupt etwas zu gewinnen, ist sehr gering. Es ist viermal wahrscheinlicher, vom Blitz erschlagen zu werden, als sechs Richtige im Lotto zu haben.

Weit erfolgreicher ist man beim Glücksspiel. So beträgt die Gewinnwahrscheinlichkeit beim einfachen Roulettespiel 48,6 %. Allerdings bekommt man bei einem Gewinn auch nur das Doppelte des Einsatzes zurück. Wer auf Zahl setzt, kann mit einer Wahrscheinlichkeit von 2,7 % damit rechnen, immerhin das 35fache des eigenen Einsatzes kassieren zu können. Doch die Zahl derer, die in der Spielbank nennenswert gewinnen, ist sehr gering. Fast immer gewinnt letztlich die Bank. Und meist geht es dem Spieler auch weniger um das Geld, sondern mehr um den Nervenkitzel. Bei einem Besuch der Spielbank Berlin hatte ich den Eindruck, dass die Spieler dort vor allem das Bedürfnis hatten, die innere Langeweile zu vertreiben. Sehr glücklich sahen sie dabei nicht aus. Rousseau hat einmal gemeint, wer zum »Spiele« ginge, würde zwischen sich und dem Tode nur noch ein letztes Goldstück sehen. Das mag sehr zugespitzt klingen, verdeutlicht aber die innere Resignation und Verzweiflung jener Menschen, die in der Spielbank regelmäßig ihr Glück suchen.

Der Umgang mit dem Reichtum

Im Übrigen ist es meist nicht sehr vorteilhaft, quasi über Nacht reich zu werden. Denn dann gehen wir mit dem Geld häufig unvernünftig um. Wir geben es zu sorglos aus und sind zu verschwenderisch. Jedenfalls haben Untersuchungen ergeben, dass 80 % aller Lottomillionäre nach spätestens zwei Jahren wieder ihren alten finanziellen Zustand erreicht hatten. Die Lottogesellschaften haben deshalb eigens Berater angestellt, die die glücklichen Gewinner auf ihren neuen Reichtum vorbereiten sollen. Allerdings beweist diese Statistik, dass der Erfolg der Berater fragwürdig ist. Es gehört eben doch viel Können dazu, richtig mit dem Geld umzugehen. Wer durch eigene Arbeit langsam reich wird, erwirbt diese Fähigkeit Zug um Zug. Wer aus einem reichen Haus stammt und erbt, erwirbt sie möglicherweise auch. Doch der plötzliche Lottomillionär steht dem Geld meist hilflos gegenüber, und es zerrinnt ihm zwischen den Fingern.

Denke nach und werde reich

Ein größerer Lottogewinn ist absolute Glückssache und auch in der Spielbank entscheidet Fortuna. Nun ist es auf Dauer für viele aber unerträglich, immer nur auf das Schicksal zu warten. Deshalb gibt es in jeder Spielbank die Unverdrossenen, die Zahlenreihen notieren und die absoluten Treffer errechnen. Sie werden von den Croupiers zu Recht als Spinner angesehen, denn Fortunas Launen lassen sich nicht durch Berechnungen voraussagen.

Und so ist es seit jeher Wunsch der Menschen, durch eigene Bemühungen zu Reichtum zu kommen. Davon zeugt auch der Bestseller *Denke nach und werde reich*, der 1928 zum ersten Mal erschien. 20 Jahre lang hatte Napoleon Hill Männer wie Thomas Edison, Rockefeller, Ford oder Woolworth interviewt, um herauszufinden, wie man reich wird. Sein Erfolgsrezept lautete, man müsse leidenschaftlich vom Wunsch nach Reichtum besessen sein. Täglich müsse man sich seine Ziele vorstellen. Reich könnten nur jene werden, die eine entschlossene Einstellung zum Geld haben und sie zur Grundlage ihres Lebens gemacht haben. Denn das Geld sei zurückhaltend und schwer zu fassen. Es wolle begehrt und umworben werden, wie eine spröde Geliebte. Um das mit der richtigen Leidenschaft tagtäglich zu erreichen, müsse man vor allem ein brennendes Begehren entwickeln. Man müsse besessen sein vom Wunsch, Geld zu machen.

Dazu reicht es nicht, diesen Wunsch an der Oberfläche des Bewusstseins zu entfalten. Man muss sich vielmehr täglich seine Ziele vorstellen und sich ausmalen, sie wären schon Wirklichkeit. Damit spricht man unweigerlich sein Unterbewusstsein an. Denn indem man sich fühlt, als wäre man schon reich und erfolgreich, entfaltet das Unterbewusstsein eine magnetische Anziehungskraft für alles, was zum Ziel führt. Dann braucht man nur noch einen überlegten Plan, der diese Kräfte zielstrebig in die Tat umzusetzen hilft. Und man muss handeln. Die hillsche Analyse von mehr als 25.000 Männern und Frauen, die im Leben versagt haben, ergab, dass mangelnde Entschlusskraft zu den Hauptgründen ihrer Misserfolge zählte. Hill kommt zu dem Ergebnis, die Neigung, alles hinauszuschieben, würde zu den am meisten verbreiteten Schwächen gehören. Doch wer richtig auf das Geld eingestimmt sei, seine inneren Schwächen überwinde und handle, werde reich beschenkt. Denn ihm »strömt das Geld zu, er braucht nur noch die Hände geöffnet zu halten. Es gibt da einen großen, unsichtbaren Kraftstrom, einem Fluß vergleichbar, führte er nicht zwei unterschiedliche Strömungen, deren eine den Menschen zu Ruhm, Wohlstand und Reichtum führt, deren andere aber alle, die sich nicht rechtzeitig retten, mit Not und Elend überflutet.

Wer bereits ein großes Vermögen erworben hat, weiß von der Existenz dieses Kraftstroms. Er weiß, daß dieser nichts anderes ist als der Strom unserer Gedanken. Wer positiv denkt, den trägt die Strömung zu Glück und Reichtum, jeden aber, der sich negativen Gedanken hingibt, zieht sie hinab in Armut und Not«.[5]

Das Rezept ist also einfach. Man muss das Geld zum Lebensmittelpunkt machen. Man muss ein geradezu erotisches Verhältnis zum Geld aufbauen, es lieben und schätzen. Man darf sich das Geld nicht nur wünschen. Das ist ebenso kraftlos und unverbindlich wie die Sehnsucht mancher Frauen nach einem Märchenprinzen. Nein – man muss schon sein Leben einsetzen für diesen Wunsch. Man muss aus ganzer Tiefe und mit brennendem Herzen das Geld begehren. Denn reich werden nur jene Menschen, die das Geld zur Grundlage ihres ganzen Denkens gemacht haben. Schließlich heißt es schon in einem irischen Sprichwort, das Geld habe einmal den Eid geschworen, dass es niemand haben solle, der es nicht liebe.

Ist Reichtum erstrebenswert?

»Reichwerden muß sehr schwer sein«, klagte einmal Sigmund Freud in einem Brief an seinen Freund Wilhelm Fließ, als er gerade viel zu tun hatte. Doch manchmal blieb sein Wartezimmer auch leer. Zeitweilig hatte er so wenig Geld, dass er sich einen Mantel borgen musste, um ausgehen zu können, da sein eigener zu viele Löcher hatte. Insgesamt berührten ihn Gelddinge jedoch wenig. Sein Sohn Martin, der Bankier wurde, hatte später die Aufgabe, sich um seine Vermögensangelegenheiten zu kümmern. Dennoch blieb Sigmund Freud zeit seines Lebens ein vergleichsweise armer Mensch. Zwar führte er einen großen Haushalt, hatte auch eine Haushälterin. Aber er hinterließ kein großes Vermögen, und insofern hatte er für sich selbst Recht, wenn er sagte, das Reichwerden sei schwer.

Diese Aussage lässt sich jedoch nicht verallgemeinern. Denn wer genügend Ausdauer und Kraft hat und bereit ist, dem Geld alles unterzuordnen, wird mit etwas Glück ein reicher Mensch werden. Doch wie sinnvoll ist ein solches Leben, wenn man wie ein kleiner Goldhamster im Käfig immer nur dem Geld hinterherrennt? Zahlt man nicht einen zu hohen Preis im Streben nach dem Geld? Bleibt nicht vieles auf der Strecke, weil man alle anderen Ziele vernachlässigen muss? Ein abschreckendes Beispiel ist für mich der 72-jährige Hans Korbmacher, der in einer Fernsehsendung[6] berichtete, er habe von seinem 26. bis zum 56. Lebensjahr an fast jedem Wochenende gearbeitet. Die ersten zwölf Ehejahre sei er nicht verreist, sondern habe auf Baustellen Fliesen verlegt. Seine Ehefrau habe die Fliesen verfugt, um sich Geld dazuzuverdienen. Er selbst hatte kein Glück mit einer eigenen Erbschaft, denn er musste seine Mutter verklagen, um das Geld zu bekommen. Er will es bei seinem Sohn anders machen: Da dieser zu 100 % schwer beschädigt ist, gibt er ihm schon jetzt 5.000 DM im Monat und die Mieteinnahmen eines Hauses, das er ihm übertragen hat. Hans Korbmacher hat sein Ziel erreicht. Er ist vielfacher Millionär. Er hat es geschafft. Ob er glücklich ist?

Die intelligente Geldanlage

Wer reich werden will, muss somit über mindestens zwei Fähigkeiten verfügen: Falls er nicht durch eine Erbschaft oder einen Lottogewinn zu Geld gekommen ist, muss er hart arbeiten können. Aber noch wichtiger ist es, mit dem hart erarbeiteten Geld intelligent umzugehen. Doch die meisten Vielverdiener haben damit Probleme. Typisch für sie in der Bundesrepublik ist die Tatsache, dass sie für ihr Geld nur eine sehr geringe Rendite bekommen. Das zeigt die Studie der Tochtergesellschaft GFM der Commerzbank. Diese befragte 4.000 Kunden und stellte fest, dass sie im Durchschnitt nur eine Rendite von 3,87 % nach Steuern erwirtschafteten. Ein Fehler der Deutschen liegt wohl darin, dass sie sehr konventionelle Wertanlagen bevorzugen, die nur niedrige Wertzuwächse haben. So sind nur 5 % der Deutschen, aber 25 % aller Kanadier im Besitz von Aktien.

Die Deutsche Bank hat einmal ausgerechnet, dass der Einsatz von 6.000 DM im Jahre 1949 ausgereicht hätte, um 1992 zum Kreis der Millionäre zu gehören. Der Kursverlauf der Siemensaktie zeigt, wie ein solches Vermögen zustande kommt. 1951 lag der Kurs der Siemensaktie noch bei 85 DM, während sie heute mehr als 800 DM wert ist.

Wie lohnend eine Aktienanlage sein kann, zeigt auch folgendes Beispiel: Wer 1978 100 DM in deutsche Aktien investiert hatte, verfügte 1996 über 456 DM, bei amerikanischen Aktien sogar über 681 DM. Der Börsenguru Kostolany rät daher: »Aktien kaufen, schlafen und die Papiere nicht mehr anschauen. Nach vielen Jahren wachen Sie reich auf.«[7] Allerdings braucht man bei Aktienanlagen manchmal eine dicke Haut. Aktienkurse können steigen und fallen und diese Ungewissheit verkraften all jene schlecht, die eine sichere finanzielle Absicherung suchen. Der Börsenindex in Hongkong fiel im Herbst 1997 in fast zwölf Wochen um 46 % auf 9059 Punkte. Wer allerdings Anfang 1975 die Papiere bei einem Index von 160 gekauft hatte, konnte trotzdem einen 50fachen Gewinn einstreichen. Man musste nur starke Nerven haben und warten können.

Die Sparsamkeit der Reichen

Die meisten Menschen sind nicht in der Lage, ihr Geld vernünftig anzulegen und es zu vermehren. Denn es sind sehr irrationale Kräfte, die ihr Verhältnis zum Geld bestimmen. Viele sind sich nicht bewusst, dass sie vom Geld vor allem Sicherheit erwarten und hoffen, dass es sie seelisch stabilisiert. Deshalb können sie es auch nicht an der Börse anlegen und eine hohe Rendite erwirtschaften. Doch indem sie im Geld vor allem einen Stabilitätsfaktor sehen, können sie es auch nicht ausgeben und sich etwas gönnen.

Es ist allgemein bekannt, wie geizig vor allem reiche Menschen häufig sind. Oft habe ich die Erfahrung gemacht, dass gerade in ärmeren Ländern die Gastfreundschaft besonders herzlich gepflegt wird. Manchmal könnte man sogar meinen, dass Reichtum knauserig und engherzig macht. Nicht umsonst erzählt man sich ausgerechnet von weltbekannten Millionären die skurrilsten Spargeschichten. Beispielsweise ließ Paul Getty die Gäste auf seinem englischen Landsitz nur von einem Münzfernsprecher aus telefonieren. John Rockefeller gab niemals mehr als zehn Cent Trinkgeld – und wenn sein Sohn sich großzügiger zeigte, maulte er nur: »›Der kann es sich ja leisten, der hat einen reichen Vater!‹ Und der mehrere Milliarden schwere John MacArthur steckte im Flugzeug den Kuchen ein, den seine Sitznachbarn vom Bordmenü übrig gelassen hatten. Kein Wunder, daß er im Monat mit 100 Dollar für sich persönlich auskam ...«[8]

Nun mag man ein solches Verhalten für skurril halten und darüber lächeln. Doch eine gewisse Sparsamkeit ist tatsächlich erforderlich, um reich zu werden. Schon Henry Ford wusste: »Reich wird man nicht vom Geld, was man verdient, sondern vom Geld, was man nicht ausgibt.« Um reich zu werden, muss man eine ganz einfache Formel beachten: Man muss erheblich mehr Geld einnehmen als man ausgibt. Und das bedeutet für die meisten Menschen, dass sie sehr sparsam sein müssen. Im Rahmen einer Studie über Millionäre fand der US-Wissenschaftler Thomas Stanley heraus, »daß der Durchschnitts-Reiche vor allem deshalb reich ist, weil er sich nur das Nötigste gönnt und nicht mit überflüssigen Statussymbolen protzt. Der Prototyp des amerikanischen Millionärs ist der Studie zufolge 57 Jahre alt, verheiratet und geizig. Er hat drei Kinder, ein Jahreseinkommen von 247.000 Dollar, ein Vermögen von 3,7 Millionen Dollar und ein Eigenheim für 320.000 Dollar. Er arbeitet viel und fährt höchstens einen Mittelklassewagen. Als Tip für Nachahmer empfiehlt Thomas Stanley: ›Geben Sie nie Geld für sinnlose Dinge aus‹.«[9]

Sparsamkeit und Kapitalismus

Sparsamkeit ist nicht nur ein individuelles Phänomen, sondern ein wichtiges Element unserer Wirtschaftsordnung. Unser heutiges modernes Wirtschaftssystem konnte nur durch große Sparsamkeit geschaffen werden. Der Aufbau großer Fabriken und Verkehrsnetze erforderte einen erheblichen Konsumverzicht der Bevölkerung, vor allem jener Menschen, die den Reichtum auf sich vereinten.

Doch die Sparsamkeit vieler Millionäre ist heutzutage nicht mehr vernünftig, sondern pathologisch. Sie können nicht mehr mit dem Sparen aufhören, nachdem sie genug Geld »gescheffelt« haben. Letztlich spürt man, wie sehr sie am Geld hängen, wie sehr das Geld ihr Lebensblut ist. Nur so ist zu erklären, dass der reiche Multimillionär Vanderbilt jede private Ausgabe nur sehr zögerlich tätigte. Selbst beim Essen und der Kleidung war er extrem sparsam. »Sogar physische Gründe konnten ihn nicht veranlassen, für kostspielige Arzneien Geld auszugeben. Wenige Tage vor seinem

Tode verordnete ihm sein Arzt Champagner zur Anregung. ›Champagner!‹ rief Vanderbilt mit vorwurfsvollem Blick, ›Champagner kann ich nicht bewilligen. Eine Flasche jeden Morgen! Sodawasser wird's auch tun, denke ich!‹«[10]

Vanderbilt war ein richtiger »Geizkragen«. Selbst als er schon 100 Millionen Dollar sein Eigen nannte, feilschte er noch um jeden Dollar und betrog seine Freunde auf die »niedrigste und hinterlistigste Art«. Allerdings: »Freunde im wahren Sinn des Wortes hatte er nicht; diejenigen, die sich selbst als seine Freunde betrachteten, waren kühle Naturen, die größtenteils aus Berechnung handelten.«[11]

Der Ehrgeiz, die Nummer eins zu sein

Viele Millionäre sind unfähig, ihr Geld auszugeben. Doch warum wollen sie dann noch mehr Geld verdienen? Warum arbeiten sie so viel? Auf eine solche Frage antwortete der bekannte Wolkenkratzermillionär Trump: »Das mache ich nicht wegen des Geldes. Ich besitze genug, viel mehr als ich je brauchen würde. Ich tu's wegen der Geschäfte selbst.« Tatsächlich ist es nicht hauptsächlich der Wunsch nach Konsum, der das Konto von Millionären und Milliardären anschwellen lässt. Sie müssten buchstäblich mit beiden Händen das Geld zum Fenster hinauswerfen, damit ihr Reichtum schwindet. Selbst bei einem extravaganten Lebensstil besteht für sie kein Anlass mehr, noch mehr Geld anzuhäufen. Um die Sicherung ihres Konsums geht es ihnen also nicht. Es ist vielmehr ein unersättlicher Ehrgeiz, der diese Menschen antreibt. So gestand einmal Bill Gates, der mittlerweile mit seiner Firma Microsoft zum Mythos hochstilisiert wird, er hätte sich vorgenommen, mit 25 Jahren seine erste Million zu verdienen. Das hat er auch erreicht. Doch was motiviert ihn, nun geradezu besessen weiterzuarbeiten? Worin liegt die Ursache, dass er noch heute von sich sagt, sein Leben würde sich durch die Arbeit bestimmen? Er arbeitet so viel und treibt auch seine Mitarbeiter zu Höchstleistungen an, dass allgemein der Wunsch bestand, er möge bald eine Frau finden, die ihn von seiner Arbeit abhalten könne. Dieser Wunsch wurde erhört, Gates ist inzwischen verheiratet. Doch seine Frau ist Microsoft-Angestellte ...

Bill Gates geht es also nicht nur um das Geld. Er selbst sagte einmal, er bräuchte nur einen winzigen Prozentsatz dessen, was er hat, um ein normales Leben zu führen. Ihn motiviert vielmehr sein Ziel, überall die Nummer eins zu sein.

Nun wird mancher solchen Ehrgeiz kritisch hinterfragen. Doch wer ein solches Lebensprogramm verfolgt, wird immer auch eine interessante Persönlichkeit sein. Insofern stimme ich dem Geschäftsmann zu, der anlässlich eines Kurses erzürnt äußerte: »Ich habe mir bis jetzt bei guter Laune angehört, daß alle reichen Leute völlig egoistisch und unintelligent sind. Tatsächlich jedoch gehört eine Menge Charakter, eine Menge Phantasie, eine Menge Entschlossenheit dazu, um ein Vermögen aufzuhäufen ... Sie werden schon zugeben müssen, daß jemand, der es bis an die Spitze der Continental Bank gebracht hat, oder was auch immer, nicht total und hoffnungslos unintelligent sein kann.«[12]

Auch ich mache immer wieder die Erfahrung, dass erfolgreiche Geschäftsleute häufig beeindruckende Fähigkeiten haben. Wer tagtäglich die Verantwortung für Tausende von Menschen trägt und entsprechend Macht hat, verfügt oft über eine imposante Ausstrahlung. Doch der Einsatz fordert seinen Preis. Die meisten dieser viel beschäftigten Geschäftsleute haben wenig Zeit für Muße und inneren Tiefgang. Deshalb kann es nicht verwundern, dass auch Biographien wie die über Bill Gates merkwürdig glatt sind. Wer so schnell reich werden will, hat für Freizeit und Privatleben wenig Zeit. Bill Gates kümmert sich fast nur um seine Computer und arbeitet 14 Stunden am Tag. Er ist ein typischer Workaholic, wie ich sie immer wieder in meinen Therapiestunden erlebe. Andere Millionäre wie Kaschoggi oder Onassis fielen durch ihre Frauengeschichten auf, es waren Lebemänner, die ihren Reichtum zur Schau stellten und sich damit zumindest eine gewisse Lebensqualität erkauften. Doch der »Mythos Bill Gates«, der uns als Vorbild verkauft wird, kann nur eines: arbeiten.

Der Wille zur Macht

Wenn ein Mensch sehr viel arbeitet, steckt dahinter oft nicht nur großer Ehrgeiz, sondern auch der Wille zur Macht. Der Psychoanalytiker Otto Fenichel hielt deshalb auch das Bestreben, reich zu werden, für eine Spezifikation des Willens zur Macht. Das ursprüngliche Triebziel seien nicht die Reichtümer, sondern der Wunsch nach Anerkennung und Macht.

Wir belächeln dieses Streben nach Anerkennung und Macht, wenn es derart pubertäre Züge annimmt wie in dem Verhalten von Donald Trump. Er bekannte einmal in seiner Autobiographie: »Malcolm (Forbes) besaß jahrelang eine Jacht, die ›Highlander‹, auf die er sehr stolz war. Malcolm hatte bei seinen Hafenrundfahrten oft Schriftsteller, Leute vom Fernsehen und Photographen an Bord. Auf diese Weise wurde er zum Liebling der New Yorker Presse und seine 45 Meter lange Jacht zur Legende – bis ich mit meiner viel luxuriöseren 94 Meter langen Jacht aufkreuzte und damit plötzlich im Rampenlicht stand.«[13]

Doch das Streben nach Macht und Überlegenheit, das man immer beim Reich-werden-Wollen beobachten kann, ist nicht immer ungefährlich. Häufig führt es zu einem rücksichtslosen, aggressiven Verhalten. Denn man wird nicht reich mit einem Heiligenschein auf dem Kopf und muss gelegentlich alle moralischen Gesichtspunkte über Bord werfen. Allerdings wird dies nicht immer so offensichtlich sein wie bei dem griechischen Reeder Onassis, der privat ein absoluter Diktator gewesen sein soll. Eine Freundin verprügelte er des Öfteren so brutal, dass diese Angst hatte, er würde sie ermorden. Onassis war in jeder Hinsicht ein rücksichtsloser Kämpfer, er brauchte immer einen Feind, das war sein Lebenselixier. Und der saudi-arabische Kaschoggi wurde vor allem durch den Waffenhandel reich, was sicherlich eine der unmoralischsten Möglichkeiten zum Reichtum ist. Wer also reich werden will, sollte keine Skrupel kennen und so früh wie möglich lernen, sich notfalls rücksichtslos durchzusetzen. Dies ist wohl auch die Quintessenz des Märchens »Knüppel aus dem Sack«: Drei Söhne gehen auf die Wanderschaft und machen eine Lehre. Der eine bekommt zur Beendigung der Ausbildung einen Tisch, der herrliche Speisen aufträgt. Der zweite einen Esel, der Dukaten ausspuckt. Doch den beiden Brüdern werden Tisch und Esel gestohlen und nur der dritte kommt erfolgreich durch die Welt: Er ging bei einem Tischler zur Lehre und hat einen Knüppel von seinem Meister bekommen, der anderen auf dem Rücken tanzt, sobald man ihn dazu auffordert.

Der Millionär als Wohltäter

Es tut der gesellschaftlichen Ehre durchaus keinen Abbruch, wenn man den »Knüppel« aus dem Sack lässt und sich rücksichtslos durchsetzt. Man muss nur genügend Geld spenden und sich als Wohltäter erweisen – nachdem man vielfacher Millionär geworden ist. Auf diese Weise strahlt auch der Name des Waffenhändlers Kaschoggi, der Geld an Uni-

versitäten und Krankenhäuser spendete, in hellem Licht. Die
Öffentlichkeit ist davon geblendet und zeigt sich wenig interessiert daran, aus welchen Quellen solche Gelder stammen.

Wie leicht durch das »Tuch der Wohltaten« alle ökonomischen Verbrechen verhüllt werden, hat vor allem Gustavus
Myers heftigst kritisiert. Am Beispiel des Carnegie-Vermögens
beschreibt er einen immer wiederkehrenden Prozess. Egal
»wie rücksichtslos und brutal die Laufbahn des Multimillio-
närs auch gewesen war, durch was für fortlaufende Betrü-
gereien und Räubereien er sein Vermögen auch erworben
haben mochte – sobald er einen Bruchteil für gemeinnützige
Zwecke weggab, durchlief sein Charakter, soweit das breite
Publikum in Betracht kommt, eine vollständige Wandlung.
Man bezeichnete ihn nicht länger als den gierigen Räuber;
die Stimmen derer, die sein Siegeswagen zermalmt hatte,
wurden von dem lauten Lobgeschrei übertönt, das seinen
Wohltaten folgte. Seine Opfer wurden begraben, und der
Bericht von seinen Missetaten wurde obskuren Strafregistern
anvertraut, die mehr und mehr in Vergessenheit gerieten.
Die Bibliothek aber und das Hospital, die er gebaut, oder
das Asyl und die Universität, die er gegründet oder beschenkt
hatte, dauerten fort als sichtbare, bleibende Zeugnisse seiner
… Güte«.[14]

Der Stahlmillionär Carnegie

Der 1835 geborene Andrew Carnegie stieg mit 28 Jahren in
die Eisenbranche ein, indem er mehrere »Freunde« aus einem
Unternehmen herausdrängte, wo er eine Vermittlertätigkeit
ausüben sollte. Er wurde schließlich mit einem Vermögen
von über 500 Millionen Dollar einer der reichsten Männer
der Vereinigten Staaten. Während Tausende von Soldaten
verbluteten, profitierte er vom amerikanischen Bürgerkrieg,

der von 1861 bis 1865 tobte. Durch diesen Krieg zwischen den Nord- und Südstaaten bestand eine große Nachfrage nach Eisen. Auch als man das zerstörte Land wieder aufbaute, war Eisen ein begehrter Werkstoff. Wie kaum ein anderer beutete Carnegie seine Arbeiter aus, stachelte sie an und steigerte seine Profite. Trotzdem senkte er die Löhne. Die Arbeiter streikten daraufhin, und Carnegie heuerte nun eine Privattruppe an. In der Folge kam es zu Kämpfen, bei denen zwölf Männer getötet wurden. Doch Carnegie hatte weit mehr Menschen auf dem Gewissen. Weil in seinen Fabriken oft keine Geländer und Schutzvorrichtungen angebracht waren, starben sehr viele Arbeiter bei Unfällen. »Gefährliche Maschinen haben Tausende erschlagen, mangelhafte hygienische Maßnahmen, im Verein mit ungenügender Ventilation, Zehntausende getötet«,[15] stellte 1894 ein Fabrikinspektor fest. Doch Carnegie war davon unbeeindruckt. Er lebte in einer anderen Welt und formulierte Sätze wie: »Diese Erde wird von Tag zu Tag himmlischer – so viel gute Männer und Frauen kenne ich, die für andere wirken.«

Als er 1912 den Expräsidenten der USA und ihren Witwen eine Rente in Aussicht stellte, fragte ihn öffentlich der Herausgeber der Pittsburgher Zeitung *Der Führer*, warum er nicht lieber seine verstümmelten Arbeiter oder die Witwen und Kinder der in den Stahlwerken Getöteten mit Pensionen bedächte, da er diesen Männern seinen Reichtum verdanken würde. Doch solche Kritik verstummte bald. Wir alle neigen dazu, Negatives zu vergessen, und lassen uns gern blenden. Und so ist der Name Carnegie heute vor allem mit seinem Reichtum – den wir bewundern – und seinen sozialen Wohltaten verbunden.

Auch in unserer Zeit wird Geld häufig dadurch verdient, dass andere Menschen bewusst geschädigt und betrogen werden. Und man bewundert sogar das »Schlitzohr«, wenn ihm ein guter Coup gelungen ist. Friedrich Bräuninger und Manfred Hasenbeck sind sogar der Ansicht, die Abzockerei jeder Art häufe sich. Sie stellen fest: »Wenn etwas boomt in diesen düsteren Zeiten, dann sind es die Skandale und Affären. Die Versandung moralischer Kategorien und die unbegrenzte Schamlosigkeit spielen dabei eine entscheidende Rolle.«[16] Als ein erschütterndes Beispiel einer unternehmerischen Geldgier schildern sie das Verhalten der Koblenzer Firma UB Plasma, die jene 2,50 DM einsparten, die notwendig gewesen wären, um Blutkonserven auf HIV-Erkrankungen zu testen.

Ökonomie und Moral?

Während der Studentenbewegung kam ich selbst in einen Wertkonflikt. Ich hatte Betriebswirtschaft studiert und war durchaus bestrebt, in einer großen Firma Karriere zu machen, in der ich bereits während des Studiums gearbeitet hatte. Ich war schockiert, als ich hörte, dass dieser Weltkonzern den Sturz des chilenischen Präsidenten Allende durch seinen Einfluss unterstützt haben sollte. Eine Vielzahl anderer Vorkommnisse machte mir deutlich, dass ich während meiner Karriere ständig vor moralischen Entscheidungen stehen würde. Ein älterer Freund, der bereits in der Wirtschaft arbeitete, lachte mich damals aus und meinte, in der Wirtschaft gäbe es keine Moral, sondern nur das Gesetz des Stärkeren. Ich sei ein Träumer, ein unverbesserlicher Moralist. Doch die Vorstellung, nun Jahrzehnte für einen Konzern Gewinne zu erwirtschaften und letztlich damit auch Dinge zu finanzieren, die ich nicht billigen konnte, löste bei mir Alpträume aus. Ich zog daraufhin die Konsequenzen und studierte Psychologie. Für mich war dies die Möglichkeit, in einer gesellschaftlichen Nische so zu arbeiten, dass ich mir und meiner persönlichen Ethik treu bleiben konnte.

Wie heikel und brisant letztlich dieser »Ausstieg« war, spürte ich an der Reaktion einiger Kollegen und Freunde, die mich irgendwie für »verrückt« hielten. Trotzdem fiel mir diese Entscheidung damals leicht:

Ich hatte keine Kinder und mein Lebensstandard hatte kein hohes Niveau.

Ich hatte einige Freunde, die die gleiche Entscheidung trafen, weil auch sie von dem Sinn ihrer beruflichen Tätigkeit nicht überzeugt waren.

Allerdings habe ich den Eindruck, dass diese Entscheidung damals ein Luxus war, den sich heute die meisten nicht mehr leisten können. Ich war mir angesichts der Entwicklung im Sozialbereich sicher, dort mein Geld verdienen zu können. Und gesellschaftlich wurde Aussteigern, die sich sozial engagierten, große Anerkennung zuteil. Ihr Engagement wurde gewürdigt. In Bezug auf die heutige Wirtschaftslage und das gesellschaftliche Klima müsste man schon sehr von seiner Mission überzeugt sein, würde man jetzt eine ähnliche Entscheidung treffen.

Ethik im Wirtschaftsleben?

Ethik und Moral seien kein Thema der Ökonomie, hörte ich bei Gesprächen sehr häufig von Managern. Wie selten die Ethik im Wirtschaftsleben berücksichtigt wird, zeigt sich daran, wie sehr es auffällt, wenn sie doch einmal zum Thema gemacht wird. Beispielsweise erregte es ungeheures Aufsehen, als sich der Sohn und Erbe des Firmengründers Gerling entschloss, in seinem Versicherungskonzern die Ethik vor den Profit zu stellen. Er kündigte an, problematische Geschäfte, die beispielsweise umweltschädigend sind, nicht mehr zu versichern.

Doch solche Einstellungen sind im Geschäftsleben selten.

Und man darf auch gar nicht mit ihnen rechnen. Denn – so fragt der Essener Gesellschaftskritiker Professor Heinz J. Kiefer – was könne man denn von der heutigen Unternehmergeneration erwarten, der niemals Dinge wie Wertorientierung, historisches Selbstverständnis und ein ausgeprägtes Weltbild beigebracht wurden! Die Jahrgänge der 40- bis 50-Jährigen, die heute Spitzenpositionen innehaben, seien absolut wertneutral und geschichtslos erzogen worden. Und dies hat seinen Preis. Denn dieses Wertdefizit führt zwangsläufig dazu, dass wir anstelle qualitativer Werte wie Mitmenschlichkeit und Ethik nur quantitative Werte wie Rendite, Dividende und Reichtum anstreben.

Nun wäre es sicherlich verfehlt, alle Unternehmer pauschal als geldgierig und profitsüchtig einzuschätzen. Angesichts steigender Arbeitslosenzahlen werden kreative Unternehmer, die Arbeitsplätze schaffen, mitunter zu Recht als »soziale Retter« empfunden. Das Wohlergehen in vielen Familien hängt von ihnen ab, und insofern haben sie unschätzbare Bedeutung für unsere Gesellschaft. Axel Gloger und Jürgen Dunsch beschreiben beispielsweise viele Unternehmer, denen es keineswegs nur ums Geld ging.[17] Sie wollten vielmehr etwas anpacken, bewegen, in Gang setzen. Dass sie dabei mitunter auch zu Einfluss und Reichtum gelangten, ist keineswegs zu kritisieren.

Doch die in der Wirtschaft zunehmende Tendenz, alles nur noch in Geld und Profit zu messen, ist unübersehbar. Immer stärker ist bei vielen Menschen eine starke »Geldoptik« vorhanden. Auf die Folgen dieser Geldorientierung hat schon Dumas hingewiesen: »Sobald sie den Kreuzzug des Geldes predigen, sind alle Waffen gut. Ruhm den Siegern! Schmach den Besiegten! Hauptsache, man bereichert sich schnell.« Alles also ist erlaubt, denn das Geld selbst hat keine Moral. Es ist ja gerade das Wesen des Geldes, dass es charakterlos ist. Und wie eine ansteckende Krankheit führt diese Charakterlosigkeit des Geldes fast zwangsläufig zu einer inneren Haltlosigkeit all jener Menschen, die sich vornehmlich mit der Vermehrung des Geldes beschäftigen.

Nicht nur für Börsenmakler gilt daher die Warnung des großen Philosophen Georg Simmel, es sei problematisch für die Persönlichkeit, sich zu sehr mit dem Geldverdienen zu beschäftigen. Dies bewirkt nicht nur eine Oberflächlichkeit des Lebens, sondern auch eine Abwertung aller Lebenswerte. Denn man ist es gewohnt, alles in der Relation des Geldes zu sehen. Simmel hat dies in seiner *Philosophie des Geldes* entschieden kritisiert und festgestellt, die höchsten Werte würden dadurch auf die Geldebene erniedrigt.[18]

Letztlich glauben »Geldmenschen« immer, sie könnten alles kaufen. Alles ließe sich in Geld ausdrücken, alles sei eine Frage des Marktgeschehens. Entscheidend sei nur, wie viel Geld man zahlen muss, um etwas zu bekommen. Selbst Liebe, Sexualität und Freundschaft haben in diesem System des Geldes ihren Preis, denn jeder sei käuflich und bestechlich. Dieser Geist des Geldes herrscht letztlich an jeder Börse vor, denn sie lebt von der Überschätzung des Geldes. André Kostolany schreibt deshalb: »Man spricht nicht über Kunst, Politik oder meinetwegen über Frauen, wie es sonst unter Freunden üblich ist. Die Gespräche drehen sich ausschließlich um Geld, wieviel man hätte gewinnen können oder sollen, wenn man zur richtigen Zeit gekauft oder verkauft hätte. Man schätzt die Menschen ausschließlich nach dem ein, was sie besitzen und in welchem Maße sie für einen oder anderen Makler von Interesse sein können.«[19]

Wo mit Geld professionell umgegangen wird, verdrängt es häufig alle anderen Lebenswerte. Geld ist wie eine eifersüchtige Geliebte, die uns völlig in den Bann zieht und verlangt, dass man sich nur um sie kümmert. Alles andere wird unwichtig. Deshalb ist die Ebene des Geldes immer auch das Lebensfeld der Zyniker: »Auf keinem anderen Gebiete findet der Zyniker eine so triumphierende Rechtfertigung als hier, wo die feinsten, idealsten, persönlichsten Güter nicht nur für jeden, der das nötige Geld hat, verfügbar sind, sondern, noch viel bezeichnender, dem Würdigsten versagt bleiben, wenn er mittellos ist ...«[20]

Was ist ein Menschenleben wert?

Wie ein feiner Nebel erfasst die zynische, entwertende Lebensoptik inzwischen fast alle Lebensbereiche. Nahezu unmerklich hat sich in den letzten Jahren ein Denken ausgebreitet, bei dem vieles nur noch in den Strukturen des Geldes gemessen wird. Folgerichtig wird dabei auch die Frage gestellt, was ein Menschenleben eigentlich wert ist. In der *Wirtschaftswoche* hat sich Brigitte Wettwer mit solchen Berechnungen auseinander gesetzt. »Ob es sich denn lohne, für den Kampf gegen die Rinderseuche in Europa viele Milliarden Mark auszugeben, wenn nicht einmal sicher sei, wie viele Menschen dadurch überhaupt gerettet werden könnten? Nach ihrer Meinung ist die Reaktion in Europa auf die Rinderseuche Massenhysterie. ›Wann sind die Kosten für den Verbraucherschutz noch zu rechtfertigen?‹ fragt sie.

Umgerechnet knapp 1,8 Millionen Mark setzten die Ökonomen des britischen Verkehrsministeriums für jeden Inselbürger ... an. Das ist die Summe, die dem Land durch dessen Tod entsteht. Sie berechnet sich nach dem Sozialprodukt und den Leistungen, die das Opfer im Rest seines Lebens erarbeitet hätte.«[21]

Tabakfirma: Früher Tod von Rauchern hat Vorteile

Bei vielen Diskussionen geht es heutzutage nicht mehr darum, wie ein Mensch lebt, leidet, glücklich ist oder stirbt. Es geht oftmals nur noch um die Frage des Geldes. Auch die Debatte um das Rauchen wird mittlerweile auf dieser Ebene geführt. Viele Jahre wurde den Zigarettenherstellern vorgeworfen, das Rauchen würde viele Krankheiten verursachen, die in den Volkswirtschaften zu großen finanziellen Belastungen führen würden. Auf diese Vorwürfe hat kürzlich der Chef der französischen Tabak-Monopolgesellschaft Seita, Jean Dominique Comolli, reagiert. Er räumte ein, dass unter Umständen das Rauchen der Gesundheit schaden könne. Aber dies würde der Volkswirtschaft auch nützen. Denn die Krankheiten der Raucher würden zwar die Krankenkassen belasten. Doch durch einen früheren Tod entlaste man die Rentenkassen: »Nach Expertenmeinung lägen die Ersparnisse durch nicht gezahlte Renten – wegen des früheren Todes von Rauchern – höher als die Ausgaben der Krankenversicherung. ›Insgesamt bringt der Tabak der Gemeinschaft mehr, als er kostet‹, sagte Comolli der Wirtschaftszeitung ›La Tribune‹. Wenn einige Leute meinen, es gebe einen Beweis dafür, daß Rauchen diese oder jene Krankheit mit sich bringt, müssen sie ihre Logik bis zum Schluß denken. Auch wenn diese Überlegung unerträglich und zynisch erscheinen kann«,[22] sagte Frankreichs wichtigster Tabakmanager.

Geld macht blind

Beim zynischen Menschen ist noch das Gespür vorhanden, dass es wichtigere Werte im Leben als das Geld gibt. Deshalb verspürt er das Verlangen, sie zu entwerten. Doch besonders tragisch ist das Leben jener Menschen, für die jenseits des Geldes gar nichts mehr existiert. Ihre gesamte Wahrnehmung, ihr Fühlen und Hoffen sind nur noch auf das Geld gerichtet.

In vielen Märchen und Mythen wird berichtet, wie sehr der Anblick des Goldes Menschen blind machen kann. Das Gold hat heutzutage diese Götzenfunktion weitgehend verloren. An seine Stelle ist zunehmend die Börse getreten. Sie ist die »Kirche des Geldes« geworden. Wie sehr sie einen Menschen in ihren Bann ziehen kann, beschreibt Kostolany in seiner Autobiographie. Er erinnert sich an einen Kollegen, der sich völlig mit der Börse identifizierte. Für ihn gab es nur Kurse, Zahlen, Aktien – alles andere war unwichtig. »Mit abwesendem Blick und großen Schritten ging er durch die Straßen, ohne das Geringste wahrzunehmen. Er sah nicht die Pelzmäntel in den Schaufenstern, nicht die Diamantenkolliers bei den Juwelieren oder die hübschen Mädchen auf den Plakaten, welche das Publikum zu wundervollen Urlaubsreisen aufforderten. Er trug Scheuklappen wie ein Rennpferd. Nur eines sah er immer direkt vor sich: die Börse … Er rannte, um vor dem ersten Klingelzeichen dort zu sein. Das zweite Klingeln bei Börsenschluß erschien ihm wie ein Totenglöckchen.«[23]

Sein ganzes Denken und Fühlen drehte sich nur um die Börse. Wenn er sich rasierte, dachte er an Gilette-Aktien, wenn er sich eine Erfrischung bestellte, an Coca-Cola. Alles hatte für ihn einen Börsenwert. Da trifft er eines Tages auf dem Weg in den Börsensaal eine junge Frau, die ihn anlächelt. Er verliebt sich und kümmert sich plötzlich nicht mehr um die Schlusskurse der Aktien. Er spürt, wie leer sein Leben bisher war. Er will ein neues Leben beginnen. Und verkauft alle Aktien – doch die Börse hält ihn fest wie eine Krake. Er ist zu ungeübt für das wirkliche Leben, zu unsicher. Nur auf dem Parkett der Börse kennt er sich aus. Und so verdrängt er alle Hoffnungen auf ein besseres Leben und steigt wieder ein in das Börsengeschäft. Er hat Angst vor sich selbst, kommentiert Kostolany das Leben dieses Börsenkollegen.

Mich interessierte nur noch das Geld

Wie stark sich das eigene Wertsystem verändert, wenn man unbedingt reich werden will, musste auch Kostolany persönlich erfahren. Als er als junger Mann nach Paris reiste, bewunderte er die Lebensart der gehobenen Bevölkerung und litt darunter, dass er abseits stehen musste. Der Meister der Börse, der sich gern als Spekulant bezeichnet, erinnert sich: »Wie ein Kind, das sich an der Scheibe einer Konditorei die Nase platt drückt, so bestaunte ich dieses ungeheure Leben und Treiben. Aber bald mußte ich wieder abreisen, und als ich in das traurige und beängstigende Budapest zurückgekehrt war, hatte ich nur *einen* Gedanken: *wieder nach Paris zu fahren!*«[24] Er hatte begriffen, dass es dazu vor allem einer Sache bedurfte – Geldes!

Doch nun musste Kostolany erfahren, dass man nicht ungestraft nach dem Gott des Geldes greifen darf. Das Geld kennt keine Moral, und diese Tatsache führte dazu, dass Kostolany in eine heftige psychische Krise geriet. »Ich hatte das Geld auf ein Postament erhoben und dachte ununterbrochen daran. Zunächst war es ein Mittel, um ein Ziel zu erreichen, dann wurde es selbst zum Ziel und ließ mich alles andere unterschätzen. Meine Ethik, mein eigenes Wertsystem hatte sich völlig gewandelt. Nichts interessierte mich mehr, nur das Geld. Ich war damals einfach nicht fähig, eine, wenn ich so sagen darf, unentgeltliche Freude zu genießen. Ich träumte von einem Kassenschrank voller Banknoten, von Geldsäcken, die ich betrachten, befühlen, hin und her schaffen konnte wie Volpone seine Schätze.«

Diese Einstellung zum Geld führte bei Kostolany zu einer Entwertung aller Werte, die sich nicht durch Bargeld ausdrücken lassen. Sie veranlasste ihn auch dazu, auf fallende Kurse zu spekulieren. Angesichts der Wirtschaftskrise behielt er Recht und gewann sehr viel Geld. Nun konnte er sich jeden erträumten Luxus leisten. Die eleganten Hotels, die großen Wagen mit Chauffeur standen ihm zur Verfügung, denn seine Brieftasche war prall gefüllt. Doch leider hatte er niemanden mehr, mit dem er seine Freude teilen konnte. Seine Wünsche waren in Erfüllung gegangen, doch seine Freunde waren ruiniert. Kostolany war allein. Er begriff, dass Champagner und Kaviar kein Vergnügen machen, wenn sich die Freunde mit einer Tasse Kaffee begnügen müssen. Kostolany wagte es nicht, glücklich zu sein, und zog aus allem eine Lehre: Er spekulierte nur noch auf steigende Kurse. Das hatte zumindest den Vorteil, dass es auch andere Gewinner gab, wenn er seine Spekulationsgewinne einstrich.

Die Banker verkaufen ihr Leben

Kostolany stellt in seiner Autobiographie fest, er habe frühzeitig den Götzen Geld von seinem Sockel heruntergeholt. Vielleicht ist er wirklich der Gefahr entronnen, dem Zauber des Geldes zu sehr zu erliegen. Er gilt als der gebildete Banker schlechthin, der die Musik schätzt, viel Zeit mit Lesen verbringt und einen aufwendigen Lebensstil hat. Kostolany war auch nie einer der typischen »Geldmenschen«, über die Simmel kritisch urteilt, ihnen fehle das »Berufensein«. Diese hätten jenes geistige Fundament nicht, das jeden Beruf ausmachen solle. Deshalb seien zu den Geldberufen vor allem die entwurzelten Menschen disponiert, auf denen dann begreiflicherweise auch ein Verdacht der Unzuverlässigkeit ruhen würde.[25]

Diese Aussage wird nun all jene verblüffen, die in einem »Banker« jene Menschen mit Schlips und dunklem Anzug sehen, die sie in ihrer kleinen Sparkasse betreuen. Doch diese seriösen Bankangestellten sind hier nicht gemeint. Der Verdacht der Unzuverlässigkeit und inneren Haltlosigkeit gilt vielmehr für jene, die nur das Geld im Kopf haben und ständig mit hohen Summen jonglieren. Sie sind häufig moralisch korrumpiert, indem sie so viel verdienen, dass sie jeden Realitätsbezug verloren haben. So soll Michael Broken, der bei einer Brokerfirma angestellt war, zwischen 1983 und 1987 mehr als eine Milliarde Dollar verdient haben. Und Leeson, der durch seine Spekulationsgeschäfte das Ende der Baringsbank herbeigeführt hat, kassierte in seinem letzten Geschäftsjahr einen Bonus von fünf Millionen Dollar. In diesen Kreisen ist das Geld lebensbeherrschend. Der Londoner Investmentbanker McLaren urteilt daher über seinen Berufsstand: »Die Leute verkaufen ihr Leben.«[26]

Die Sprache des Geldes

Wie stark die monetäre Sichtweise aber unser aller Leben prägt, zeigt eindrücklich die Sprache. Friedrich Nietzsche hat wiederholt darauf hingewiesen, dass die Sprache ein deutlicher Hinweis darauf ist, wie wir miteinander umgehen. Insofern ist es erschreckend, wie sehr die Geldsprache auch unsere sozialen Beziehungen bestimmt. Beispielsweise sagen wir:

○ Das wirst du mir bezahlen.
○ Wir sind quitt.

○ Mit dir habe ich noch eine Rechnung offen.
○ Dafür kann ich mir nichts kaufen.
○ Den kauf ich mir.

Für Geld tun wir alles

Das Geld ist so allgegenwärtig, dass sich die Frage aufdrängt, ob wir fast nur noch in den Kategorien des Geldes denken. Anders gefragt: Gibt es Grenzen für die Macht des Geldes? Gibt es etwas, das wir um keinen »Preis« der Welt tun würden? Oder hat alles seinen Preis? Sind wir vielleicht sogar bereit, uns unsere Selbstachtung und Moral abkaufen zu lassen?

Wie sehr das Geld Menschen zu moralisch fragwürdigen Handlungen verleiten kann, zeigen die heutigen Unterhaltungsshows. In einer Sendung warf eine Studentin Dartpfeile auf eine lebende Zielscheibe und bekam dafür 6.500 DM. Andere Kandidaten setzen ihr eigenes Leben ein, was fast an die »Brot-und-Spiele-Mentalität« des alten Roms erinnert, wo man Menschen mit Löwen kämpfen ließ, um dem Volk Abwechslung zu bieten. Heute lassen sich Kandidaten in einer 100.000-Mark-Show mit dem Auto in einen Swimmingpool versenken, steigen aus und suchen nach Münzen. Bei einer ähnlichen Aufgabe zog sich vor vielen Jahren eine Frau in einer Show von Dietmar Schönherr bleibende Schäden zu, da sie sich nicht rechtzeitig aus dem Wagen befreien konnte. Sie leidet noch heute an den Folgeschäden des Sauerstoffmangels.

Doch dieser Poker um Leben und Geld ist nicht neu. Setzen nicht Rennfahrer ständig ihr Leben aufs Spiel, um Ruhm und Geld zu gewinnen? Besteht nicht der Nervenkitzel auch beim Skiabfahrtslauf darin, dass er so risikoreich ist? Sind nicht manche Veranstalter bereit, lebensgefährliche

Verletzungen in Kauf zu nehmen, wenn man damit Zuschauer anlocken und die Sendequoten erhöhen kann? In einem Interview des *Spiegel* meinte der Weltmeister Patrick Ortlieb über die Unfallserie bei den Abfahrtsläufern: »Jeder Veranstalter will ein maximales Spektakel bieten ... Wir verlangen mit Recht viel Geld für unsere Arbeit. Das muß irgendwo herkommen. Natürlich richten sich die Startzeiten nach den Sendern. Aber wenn die um zwölf Uhr ihren Satelliten gebucht haben, wollen die auch Skifahrer auf der Strecke sehen. Und mal ehrlich: Daß da ab und zu einer spektakulär stürzt, ist unsere Geschäftsgrundlage ... In Kitzbühel ist Helmut Höflehner vor drei Jahren im Training den Zielschuß heruntergestürzt. Was sagt der Platzsprecher? › Uii, Höfi gestürzt – und morgen wieder 10.000 Zuschauer mehr.‹ «[27]

Inzwischen gibt es die neue Sendereihe »Cashmann«, in der getestet wird, was Menschen alles für Geld tun. Wo liegen die Ekel- und Schamgrenzen, wie weit geht die Bereitschaft zur Selbsterniedrigung? Für 1.000 DM lässt sich ein junger Mann überreden, sich von fünf Passanten durchgekaute Kaugummis geben zu lassen. Er stopft sie in seinen Mund, produziert eine große Gummiblase und kassiert. In einem weiteren Test bekommt ein Mann 500 DM, weil er sich zusammen mit zwei anderen in den Nationalfarben anstreichen lässt und dann die deutsche Nationalhymne singt. Genauso problematisch und nur scheinbar lustig fand ich eine Wette, in der sich eine hübsche Frau von drei Männern Sahne vom Gesicht wegschlecken lassen musste. Dafür bekam sie ebenso 500 DM wie jene junge Dame, die fünf Männern einen Gegenstand aus Gummi in das rechte Hosenbein hochfummeln musste, um es dann beim linken wieder runterzufummeln. Die genitalen Berührungen waren wohl eingeplant.

Die Sendung wird fortgesetzt.

Sind Sie käuflich?

Es ist heutzutage ja fast schon erstaunlich, wenn Menschen angesichts des vielen Geldes standhaft bleiben und ihre moralischen Überzeugungen beibehalten. Oder hätten Sie so gehandelt wie die alte Dame, der in Frankfurt mehrere Millionen für eine Unterschrift angeboten wurden? Sie lehnte ab, denn sie wohnte in einem alten Mietshaus eines Frankfurter Wohnviertels und man wollte in der Nähe ein Hochhaus bauen, das die ganze Gegend verändert hätte. Nach der hessischen Bauordnung mussten alle betroffenen Mieter – und dazu gehörte auch sie, da sie im Schattenbereich des geplanten Hochhauses wohnte – zustimmen. Man bot ihr für ihre Unterschrift immer höhere Summen, in der Annahme, sie pokere um Geld. Das erzürnte die alte Dame, welche nicht aus dem Viertel wegziehen wollte und empört darüber war, dass man ihr ihre Standhaftigkeit abkaufen wollte. Sie sei nicht käuflich, sagte sie zu den Journalisten. Als ich bei Interviews danach fragte, ob die Gesprächspartner das Geld genommen hätten, sagten nur fünf Prozent eindeutig, sie hätten so gehandelt wie diese Dame. Zehn Prozent waren unentschlossen, alle anderen hätten sich mit wesentlich weniger Geld zufrieden gegeben.

Die Ökobanken

Vielleicht hätten Sie als Mieter das Geld genommen, weil Sie ohnehin lieber im Grünen wohnen. Doch wie stehen Sie grundsätzlich zu der Frage, ob man im Leben moralische Maßstäbe vertreten sollte? Und was machen Sie mit Ihrem Geld? Sind Sie bereit, auf einige Prozent Rendite zu verzichten, um die Gewissheit zu haben, dass man mit Ihrem Geld keine Waffengeschäfte finanziert, Atomfabriken baut oder gentechnisch veränderte Tomaten züchtet? Dieses Problem schilderte vor über zehn Jahren ein junger Mann einem Psychotherapeuten. Er hatte über eine Million Mark geerbt und wollte dieses Geld nicht in Aktien anlegen und schon gar nicht den Banken anvertrauen. Er war der Überzeugung, dass man damit auch Geschäfte unterstützt, die er moralisch nicht verantworten könne. Er entschloss sich schließlich, das Geld einer Ökobank zu überweisen, in deren Satzung ein ethischer Umgang mit dem Geld vorgeschrieben war. Dafür verzichtete er auf einige Prozentpunkte Rendite, was der Psychotherapeut nicht für klug hielt. Er plädierte für die höhere Rendite, was dem Analysanden ermöglicht hätte, sorgenfrei zu leben. So aber musste dieser jeden Tag für einige Stunden arbeiten gehen.

Inzwischen ist das Bedürfnis, bei der Geldanlage auch moralisch-ethische Gesichtspunkte zu berücksichtigen, offensichtlich sehr gestiegen. Einige Ökobanken kümmern sich deshalb intensiv um die neue Klientel. In diesem Bereich der Öko-Finanzen ist auch die Philosophin Antje Schneeweiß tätig, die wohl als einzige Frau in Deutschland Unternehmungen im Umweltbereich nach sozial-ökologischen Kriterien analysiert. Für die ethische Vermögensverwaltung Arthus in Köln prüft sie, ob die Aktien eines Unternehmens für einen Fonds erworben werden sollen. Eine der ersten Firmen, die sie bewertete, war ein kanadisches Wasserkraftwerk. Zunächst fiel die Prüfung sehr positiv aus, denn es handelte sich um ein umweltbewusstes Unternehmen, das keine Luft verschmutzte oder der Natur schadete. Doch dann fand sie Material über einen Rechtsstreit mit den ansässigen Indianern. Die Gesellschaft hatte ganze Stämme der dortigen Ureinwohner vertrieben und beim Bau der Staudämme keine Rücksicht auf die Lebensgewohnheiten der Indianer genommen. »Wir haben die Anleihen der Firma nicht gekauft«, stellte Antje Schneeweiß deshalb fest.

Auch in der Ökobank in Frankfurt analysiert ein zwanzigköpfiger Ausschuss jedes Unternehmen auf Herz und Nieren. Von den Firmen, die auch nur einen geringen Anteil ihres Umsatzes in den Bereichen Rüstung, Atomkraft oder Suchtmittel (zum Beispiel Alkohol oder Tabak) erzielen oder Tierversuche durchführen, werden keine Anteile gekauft. Und obwohl die Renditen meist wesentlich geringer sind als die der Geschäftsbanken, besteht eine hohe Nachfrage nach diesen Ökofonds.

Sparen oder innerer Reichtum

Wenn wir uns aus dem inneren Zwang des Geldverdienens befreien wollen, gibt es ein verblüffend einfach zu verwirklichendes Rezept: Wir geben weniger aus. Bei vielen Ausgaben sollten wir uns die Frage stellen, ob sie wirklich erforderlich sind. Müssen wir zweimal im Jahr ins Ausland reisen? Brauchen wir ein so großes Auto? Warum teilen wir es nicht mit anderen, wenn wir in einer Stadt wohnen, in der es genügend öffentliche Verkehrsmittel gibt? Seit vielen Jahren fahre ich nur Fahrrad, benutze Busse, Straßenbahnen, S- und U-Bahn und fahre Taxi, wenn ich etwas zu transportieren habe oder es sehr spät geworden ist. Ich spare dadurch jedes Jahr über 4.000 Mark, komme nebenbei zum Lesen und habe ein gutes Gewissen dabei, weil ich mit keinem Auto die Umwelt belaste. Dafür nehme ich in Kauf, dass ich gelegentlich an einer Haltestelle friere oder durchnässt vom Fahrrad steige.

Ich frage mich oft: Können wir nicht auf so manchen Luxus verzichten? Haben wir nicht überhaupt einen völlig falschen Begriff von Luxus? Der Schriftsteller Heinrich Böll hat einmal von sich gesagt, er sei ein Zeitmillionär. Vielleicht ist es in unserer schnelllebigen Zeit der größte Luxus, Zeit zu »verschwenden«. Ist es nicht verrückt, dass wir nach der

Devise »Zeit ist Geld« leben und durchs Leben hetzen? Dabei besteht oft das Ziel darin, sich irgendwann einmal zur Ruhe zu setzen. Als man diese Lebenslogik einem alten griechischen Hirten zu erklären versuchte, fragte dieser lakonisch, warum man dies nicht gleich tun könne.

Die Geizkönigin

Es stellt sich somit die Frage, was wir wirklich brauchen und worauf wir verzichten können. Wenn wir ein gutes Einkommen haben, machen wir uns normalerweise darüber wenig Gedanken. Auch ich war zunächst sprachlos, als mir ein Freund kürzlich die Frage stellte, wie viel Geld ich wirklich im Monat bräuchte und inwieweit ich mich notfalls einschränken könnte. Und ich stellte dabei fest, dass ich notfalls auf die Hälfte meines Einkommens verzichten könnte, wenn ich mich sehr einschränken würde.

Dabei bräuchte ich keineswegs so rigoros zu sein wie die 40-jährige Amy Dacyczyn. Die Amerikanerin ist die ungekrönte Geizkönigin und Herausgeberin einer entsprechenden Zeitung. Zusammen mit ihrem Mann und sechs Kindern lebt sie auf einem Bauernhof im Bundesstaat Maine, der dank ihres Geizes längst abbezahlt ist. Grundsätzlich empfiehlt sie, Stacheldraht ums Portemonnaie zu wickeln und nur in äußersten Notfällen Geld herauszurücken. Ihre Familie trägt ausnahmslos Secondhandware, sie selbst verzichtet auf teure Tampons zugunsten eines waschbaren Gummipfropfens. Auch schreckt sie nicht davor zurück, auf Abfallhalden nach Spielsachen, Hundefutter und Thunfischdosen zu suchen. Doch auch ihr Geiz kennt Grenzen. Als in ihrer Zeitschrift ein Leser vorschlug, man solle nur luftgetrocknete Seife verwenden, weil diese dann um 7,69 % ergiebiger sei und ihre Familie 1,60 DM jährlich sparen könne, fand selbst sie dies etwas kleinkariert. Ansonsten ist sie aber sehr resolut und tituliert jene Menschen als Jammerlappen, die trotz leerer Kassen nicht auf Fernseher, Restaurantbesuche und Ferngespräche verzichten können.

Wie werde ich ein echter Geizhals?

Auch in Europa gibt es mittlerweile eine regelrechte »Geizbewegung« und ihre Bedeutung wird sich noch erheblich verstärken. Denn wir übernehmen im Allgemeinen mit einer Verzögerung von fünf bis zehn Jahren die gesellschaftlichen Entwicklungen der USA, wo die Geizbewegung mittlerweile sehr verbreitet ist. Doch auch in Deutschland *müssen* schon jetzt viele Menschen lernen, mit weniger Geld auszukommen. Jeder dritte Bundesbürger habe heute weniger im Portemonnaie als noch vor zwei Jahren, ergab eine Umfrage der *Woche*. Wie also können Familien sparen, ohne den Konsum zu sehr einschränken zu müssen? Meist versuchen sie »versteckt« zu sparen, so dass man den Konsumverzicht nach außen hin nicht sieht und keinen Prestigeverlust hinnehmen muss. Man will also weniger Geld ausgeben, ohne auf die Wohnung, die Reisen oder das Auto zu verzichten.

Doch viele Familien haben kein solches Wohlstandspolster, um im Kleinen zu sparen. Sie müssen radikal sparen. Auch an sie wendet sich die neue europäische Geizbewegung. Sie entwickelte sich 1991 in Holland, nachdem Hanneke van Veen einen Rundbrief zum Thema »Weniger konsumieren« an ihre Familie geschrieben hatte. Ein Jahr darauf erschien die erste Nummer der Geizhals-Zeitschrift, die ungemein erfolgreich war. Mittlerweile verdient auch Ehemann Rob van Eeden sein Geld mit dem Thema Geiz. Seine Seminare für Geizkragen (Motto: Geld oder Leben) bringen ebenso Geld wie die zusammen mit seiner Frau herausgegebenen

Bücher zum Thema Geiz. Eines davon trägt den Titel *Wie werde ich ein echter Geizhals?* Neben vielen Ratschlägen fand ich darin auch ein interessantes Kochrezept:

Als Vorspeise gibt es eine Nudelsuppe aus der Tüte, dann Reis mit gebratenen Zwiebeln, weißem Kohl oder Spinat. Dazu ein Omelett mit Champignons. Zum Nachtisch etwas Obst. Dies alles kostet nicht mehr als drei Mark. Und ein solches Essen schmeckt nicht nur, sondern ist auch sehr nahrhaft. Mich erinnerte das sehr an meine Studentenzeit. Damals kaufte ich mir ein Taschenbuch mit dem Titel *Gut gekocht für wenig Geld.* Es enthielt vor allem Kartoffel- und Nudelrezepte sowie Rezepte für Eintöpfe, Fisch- und Gemüsegerichte. Alles schmeckte gut, war in relativ kurzer Zeit zubereitet und hatte den tollen Nebeneffekt, dass man sich den Bauch voll schlagen konnte, ohne dick zu werden.

Der Geizhals als Lebenskünstler?

Ich bin mir nicht sicher, ob man wirklich von einer Geizhals-Bewegung sprechen sollte. Denn Geiz ist immer ein krankhaftes Festhalten am Geld. Doch die Protagonisten dieses Trends wollen auf den radikalen Wertewechsel hinweisen. Ihnen geht es um ein neues Image für alle, die sparen müssen und wollen. Früher waren alle, die mit ihrem Geld strikt haushalten mussten, tatsächlich arm. Doch nun gilt als Lebenskünstler, wer mit wenig Geld auskommen kann. Er hat die Fähigkeit zum intelligenten Umgang mit den begrenzten Ressourcen dieser Welt. Deshalb sind es nicht zuletzt die nachdenklichen, verantwortungsbewussten Menschen, die sich besonders von der neuen Geizbewegung angesprochen fühlen.

In manchen Kreisen der »Besserverdienenden« ist das Sparen regelrecht schick geworden. Astrid Paprotta und Regina Schneider haben zum Beispiel das Buch *Aldidente* geschrieben, das uns zeigt, wie man mit Aldi-Produkten »30 Tage lang preiswert schlemmen« kann. Am 9. Tag gibt es Champagner-Risotto mit Spargel, am 13. Kartoffelsuppe mit Pfifferlingen, am 15. Kaiserschmarren. Alles ist äußerst preiswert und trotzdem so schmackhaft, dass man durchaus seinen Chef einladen kann.

Die Schwierigkeiten beim Sparen

Allerdings ist es nicht leicht, sich plötzlich einzuschränken und auf lieb gewordene Gewohnheiten zu verzichten. Man tut dies nur, wenn man ein konkretes Ziel hat. Im Allgemeinen ist es nicht nur das eingesparte Geld, das einen Verhaltenswandel bewirkt. Es ist vielmehr die Hoffnung auf ein neues, besseres Leben. Thomas Berthold fragt provozierend in seinem Buch *Besser leben – Mehr vom Geld*: »Würden Sie für 100.000 Mark ein Jahr Ihrer Lebenszeit verkaufen?« Seine Frau und er hatten das jahrelang praktiziert. Sie hatten zu sparen begonnen, um mehr Zeit für sich selbst und die Familie zu haben. In seinem Buch gibt Berthold einige interessante Spartipps, die allerdings nicht immer leicht zu beherzigen sind. So lautet ein Vorschlag: Verleben Sie Feste und Feiertage so, wie Sie es wollen. Das ist leichter gesagt als getan. Ein guter Kollege probiert das schon seit Jahren aus und erzählte mir resigniert: »Nachdem im letzten Jahr jeder unsinnige Summen für den Kauf von Geschenken ausgegeben hat, die oftmals nur ein gequältes ›Danke‹ zur Reaktion hatten, einigten auch wir uns auf eine feste Regel. Niemand sollte mehr als 30 Mark für ein Geschenk ausgeben. Doch schon beim ersten Geschenk meiner Schwiegereltern wurde klar, dass sie sich in keiner Weise an diese Regelung gehalten hatten. Glücklicherweise hatten auch wir etwas relativ Teures gekauft und so blieb der Familienfrieden gewahrt.«

Etwas bessere Erfahrungen habe ich selbst mit der Verwirklichung des Spartipps gemacht, auf die an Feiertagen vorherrschende »Fresswelle« zu verzichten. Es ist nicht einsichtig, dass es zu Feiertagen in vielen Familien unbedingt eine Ente oder einen anderen gebratenen Vogel geben muss. Und dann wird getafelt, bis allen schlecht ist. »Weniger ist mehr« ist hier seit langem meine Devise und ich schone damit nicht nur meinen Geldbeutel, sondern auch meine Nerven bei den Vorbereitungen und kann mich besser den Gästen widmen.

Falsche Sparsamkeit

Der echte Geizhals spart an Stellen, wo es überhaupt nicht angebracht ist. Meine Großmutter pflegte immer mit einem brennenden Kienspan alle Öfen im Haus anzuzünden. Sie sparte einige Streichhölzer, setzte sich dabei aber der Gefahr aus, das ganze Haus in Brand zu setzen.

»Wir haben nicht genügend Geld, um uns etwas Billiges zu leisten«, lautete der Wahlspruch in der Familie einer Kollegin. Denn falsche Sparsamkeit kann sehr teuer sein. Es ist beispielsweise kaum angebracht, an der Gesundheit zu sparen. Und in China heißt es: »Es ist nicht wirtschaftlich, früh ins Bett zu gehen, wenn Zwillinge das Ergebnis sind.«

Es geht also nicht darum, zwanghaft zu sparen. Vielmehr soll das unüberlegte Geldausgeben hinterfragt und intelligent gespart werden. Warum müssen wir uns jedes Jahr neu einkleiden, nur weil es uns von der Mode diktiert wird? Warum müssen wir uns unbedingt Markenartikel kaufen?

Der Trend zu einem ständig höheren Konsum, der unser Leben bisher beherrschte, wird von immer mehr Menschen kritisch überwunden. Es bildet sich allmählich eine Avantgarde von Menschen heraus, die den Luxus nicht am Geld misst. Sie leben bewusst bescheidener, weil für sie der Luxus in der freien Zeit, der Muße besteht.

Last und Lust von Erbschaften

Wenn wir eine vernünftige Einstellung zum Geld gewinnen wollen, befinden wir uns in einem Dilemma. Wir brauchen das Geld so notwendig wie die Luft zum Atmen. Doch wenn wir uns dem Dämon Geld zu leidenschaftlich nähern, entwickelt er eine teuflische Kraft. Insofern ist die Beschäftigung mit dem Geld zwar notwendig, aber auch sehr gefährlich. Das Ringen um das Geld nimmt das Leben eines Menschen so in Beschlag, dass seine gesamte Persönlichkeit davon beeinflusst wird.

Was liegt also näher, als auf eine Erbschaft zu hoffen! Dann setzen wir uns den negativen Kräften des Geldes weniger aus und können es trotzdem genießen. So jedenfalls wird mancher hoffen – und irrt dabei. Denn sehr häufig sind Erbschaften dermaßen konfliktbehaftet, dass selbst die Totenruhe nicht respektiert wird. Das musste kürzlich wieder einmal ein Berliner Trauerredner erleben. »Was willst du blöde Ziege hier«, tönte es auf dem Friedhof, als er sich auf seine Rede vorbereitete. Eine Verwandte, die sich vorher jahrelang nicht hatte blicken lassen, wollte dem Toten die letzte Ehre erweisen. Doch der engste Familienkreis war erbost darüber, dass sie im Testament bedacht worden war. Und so sah sich der Trauerredner genötigt, zunächst für Ruhe zu sorgen.

Die psychologischen Erbschafts- kämpfe

Es gibt selten so viel Streit in Familien wie bei Erbschaften. Lange aufgestaute Rivalitäten, Gefühle des Zu-Kurz-gekommen-Seins, ja sogar heftige Hassgefühle entladen sich, wenn Testamente eröffnet werden. Es geht dann nicht nur um das Geld und das Tafelsilber, sondern es werden alte Narben aufgerissen und Gefühlsrechnungen beglichen. Es geht darum, welche Stellung man in der Familie hatte, um emotionale Grabenkämpfe. Insofern geht es bei Erbschaften nicht um begründete Ansprüche, die man in Mark und Pfennig ausrechnen könnte, sondern um psychologische Schlachten. Das ist nach Meinung des Philosophen Georg Simmel auch der Grund der »besonderen Maßlosigkeit und Erbitterung von Erbschaftstreitigkeiten. Weil hier keine Arbeit oder sachlich begründete Abmessung den Anspruch des einzelnen festlegt, ist a priori keiner geneigt, den Anspruch des anderen anzuerkennen, so daß dem eignen jede Hemmung fehlt«[28] und jedes Nachgeben als unerträglicher Verlust empfunden wird.

Wie erbittert Erbschlachten geführt werden können, erlebe ich seit Jahren in meinem eigenen Bekanntenkreis. Eine ältere Dame hatte ihr Vermögen nicht ihrem Sohn, sondern einer Nachbarin vererbt, die sie gepflegt hatte. Mit dem verwöhnten Sohn hatte sie sich zu Lebzeiten überworfen. Dieser akzeptiert den letzten Willen seiner Mutter nicht, sondern versucht durch recht spitzfindige Rechtsstreitigkeiten doch noch in den Besitz des gesamten Erbes zu gelangen. Dabei steht ihm in jedem Fall die Hälfte des auf 700.000 DM

taxierten Erbes zu. Doch er will alles, beschimpft die Nachbarin als »geldgeile Erbschleicherin« und verdächtigt sie, ihn
um sein Erbe betrogen zu haben.

Bei solchen Erbstreitigkeiten bleibt es mitunter nicht bei
verbalen Beleidigungen und juristischen Auseinandersetzungen. Vor Jahren verkündeten die Zeitungen, Ilona Hepp, die
Gründerin der Alternativen Liste in Berlin, habe wegen
Erbstreitigkeiten versucht, ihren Bruder zu ermorden. Sie
wurde daraufhin zu drei Jahren Gefängnis verurteilt. Den
Streit um die Zwei-Millionen-Erbschaft führte der Bruder
darauf zurück, dass in dem Elternhaus kaum Liebe und
Zuneigung vorhanden gewesen seien. In dem Geschäftshaus-
halt habe nur das Geld gezählt, die Eltern hätten wenig Zeit
gehabt und sie seien durch Hausangestellte erzogen worden.
Inzwischen hat Ilona Hepp die drei Jahre Haft bis auf den
letzten Tag abgesessen.

Die Lust der Vermögensverteilung

Das Drama des Erbens beginnt oftmals lange vor der Beerdigung. Es gibt immer wieder Menschen, die keine Scheu
davor haben, lange bevor die Frage akut wird, in der Familie
zu verkünden, wer wie viel erben wird. Was bei Unterneh-
mern angesichts eines Firmenvermögens unbedingt notwendig
ist, erweist sich in vielen Familien als Mittel der Beziehungs-
gestaltung. Vor allem dem männlichen Familienoberhaupt
macht es dann Spaß, sein Vermögen immer wieder neu
aufzuteilen, damit seine Wertschätzung kundzutun und auch
die Kinder anzuhalten, sich kräftig um ihn zu kümmern.
Gelegentlich entsteht dann ein regelrechter Wettbewerb um
die Gunst der Eltern, die letztlich vor allem von Geldwünschen getragen ist.

Auch wenn diese »Geldzuteilung« und der Wunsch nach

Wertschätzung durchaus verständlich sind, nimmt sie oft neurotische Züge an. Familienkonflikte werden dann mit der »Geldkeule« ausgetragen. Vor allem wenn es sich um große Vermögenssummen handelt, ist das Tauziehen um das Erbe von unversöhnlichen Streitigkeiten geprägt, die manchmal bis zu Mordphantasien führen.

Im Bekanntenkreis verfolge ich seit einigen Jahren das Erbschaftsdrama einer sehr reichen Künstlerfamilie. Beide Eltern sind »starke Persönlichkeiten« und haben immer versucht, den Kindern ihren Willen aufzudrängen. Das jüngste Kind hat sich dem stets widersetzt. Die Eltern haben deshalb angedroht, die renitente 39-jährige Tochter zu enterben. Später wurde verkündet, man wolle ihr das Geld zwar auszahlen, aber einen Vermögensverwalter einsetzen, da sie mit dem Geld nicht umgehen könne. Ständig spielen sich – wie in einem Hollywoodfilm – erschütternde Familiendramen ab, die immer von einer Änderung des Testaments begleitet werden. Deshalb ist es in dem Freundeskreis der jungen Frau üblich geworden, dass man sie mit der Frage begrüßt: »Was macht das Testament?«

Die Scheu vor dem Testament

Jeder von uns muss damit rechnen, dass er durch einen Unglücksfall plötzlich aus dem Leben gerissen wird. Doch nur wenige Menschen haben für diese Situation vorgesorgt. Nur 20 % der Deutschen haben ein Testament verfasst. Offenbar konfrontieren wir uns nicht gern mit der Tatsache, wie schnell unser Leben zu Ende sein kann. Und wir wollen mit dieser Frage auch nicht die Kinder oder den Partner »erschrecken«. Oder wie würden Sie reagieren, wenn Ihnen Ihr Partner sagt, wo er seine wichtigsten Papiere aufbewahrt und was er für »alle Fälle« vorbereitet hat?

Die Partnerin eines sehr guten Freundes war jedenfalls ziemlich schockiert, als sie von ihm ein Testament erhielt. Für ihn war dieses Schriftstück ein Zeichen der Verbundenheit. Er wollte damit dokumentieren, wie wichtig und ernst ihm die Beziehung ist. So wie andere heiraten, wählte er das Ritual des Testaments. Da er immerhin eine Million Mark zu vererben hatte, wollte er, dass dieses Geld bei einem unerwarteten Tod in die richtigen Hände käme. Doch seine Partnerin verstand seine Botschaft zunächst anders. Sie bekam einen Schreck, weil sie dachte, er litt unter einer unheilbaren Krankheit. Erst nach einem ausführlichen Gespräch wurde ihr klar, dass dieses Stück Papier eine versteckte Liebeserklärung war.

Wann stirbt er endlich?

Die meisten Menschen sind bei dem Gedanken an eine Erbschaft gespalten. Sie hoffen zwar auf eine hohe Erbschaft, wünschen aber zugleich ihren Eltern, dem Onkel oder der Tante ein langes Leben. Doch es gibt auch Leute, die auf den Tod ihrer Mitmenschen regelrecht warten. Sehr ungeduldig zeigte sich beispielsweise Heinrich Heine, dessen kränkelnder und wohlhabender Onkel es mit dem Sterben nicht besonders eilig hatte. Heine war darüber ziemlich ungehalten, denn er erhoffte sich eine beträchtliche Zahlung bei dessen Ableben. Doch aus der 216-Millionen-Erbschaft erhielten Heine und seine Brüder nach heutiger Kaufkraft umgerechnet nur 100.000 DM. Er war schwer enttäuscht, und als ihm dann noch der Universalerbe die vom Onkel gewährte jährliche Pensionssumme kürzte und feststellte, Heine hätte ja nie mit Kapital umzugehen gewusst, war es mit seiner Geduld vorbei. Dem nunmehr reichen Vetter, der früher einmal sein intimster Jugendfreund war, teilte er drohend mit, er solle sich vorsehen.

Schon dem Onkel hatte er gedroht, kein Mensch könne sich mit wenigen Federstrichen mehr rächen als er. Diese Drohung rief beim Onkel allerdings nur Unwillen hervor. Und auch der Neffe ließ sich nicht einschüchtern und warnte Heine davor, eine Biographie über den seligen Onkel zu schreiben. Heine musste schließlich einlenken und verstarb dennoch nicht wie eine »arme Kirchenmaus«. Er vererbte seiner Frau – nach heutiger Währung – mehr als eine halbe Million Mark.

Der Weinliebhaber
E.T.A. Hoffmann

Im Leben Heinrich Heines offenbart sich ein häufig wiederkehrendes Problem. Wer Künstler oder Schriftsteller ist, verdient damit zumindest am Beginn seiner Karriere nicht genügend Geld. Um ohne finanzielle Sorgen seinen Neigungen nachgehen zu können, hofft und wartet er daher bisweilen auf eine Erbschaft.

So erging es auch dem Schriftsteller E.T.A. Hoffmann, der ständig in Geldnöten war. Wie sein Vater und Großvater ergriff er zunächst den Beruf des Juristen. Doch er träumte von einem Leben als Künstler. Dies setzte eine große Erbschaft voraus, aber weder die Großmutter noch die Mutter und die beiden Tanten hinterließen ihm auch nur einen Pfennig. Und der ungeliebte Onkel wollte und wollte nicht sterben. Als er schließlich doch noch Universalerbe des Onkels wurde, musste er mit der ersten Auszahlung erst einmal die Gläubiger befriedigen. Hoffmann war immer ein sehr anspruchsvoller Weintrinker, der mit seinen Einnahmen nicht auskam und schließlich sogar die Miete nicht mehr bezahlen konnte. Erst die Erbschaft des verstorbenen Onkels rettete ihn vor dem finanziellen Fiasko.

Die Erbschaft als Last

Die meisten Menschen empfinden eine Erbschaft in jeder Hinsicht als Bereicherung. Doch häufig erleben Erben das Vermögen auch als hemmend und belastend. Daher sagte schon zu Beginn des 20. Jahrhunderts der amerikanische Unternehmer William Vanderbilt: »Geerbter Reichtum ist ein großes Handicap für ein erfülltes Leben. So sicher wie das Kokain die Moral abtötet, tötet er jede Ambition ab.«

So erlebte ich in meiner Therapiepraxis einen jungen Mann, der nicht mehr arbeiten musste, weil er von den Mieteinnahmen eines geerbten Hauses leben konnte. Er war depressiv, antriebsschwach und klagte darüber, dass er nichts tun müsste. »Wenn ich arbeiten gehen müsste, ginge es mir besser. So kann ich mich immer vom Leben zurückziehen«, klagte der 38-jährige Mann. Meinen Vorschlag, das Haus einer wohltätigen Einrichtung zu überlassen, nahm er allerdings nicht an.

Erbschaft für den Vietcong

Tatsächlich gibt es immer wieder Menschen, die ihre ganze Erbschaft verschenken. Zu ihnen gehört Tom Koenigs, der als Abgeordneter der Grünen bis vor kurzem als Stadtkämmerer in Frankfurt arbeitete. Er verdiente 8.000 Mark netto und stiftete während der Studentenbewegung sein nicht unbeträchtliches Vermögen einschließlich einer hohen Erbschaft den Vietcong. Er war ein überzeugter Linker und glaubte daran, dass man die Vietcong in ihrem Kampf gegen den übermächtigen amerikanischen Aggressor unterstützen müsse. Zudem war er der Meinung, dass in Erbschaften ein nicht unerhebliches Problem liegt. In einer Talkshow sagte er: »Die Erben sind auch nicht immer gesegnet, wenn sie viel erben, wo ist da der Leistungsgedanke ... Ich glaube, man macht seinen Kindern nicht allzu viel Freude, wenn man ihnen viel vererbt, es sei denn, man gibt den Kindern eine anständige Ausbildung mit, das fördert den Leistungsgedanken.«[29]

Ich bin immer wieder erstaunt, dass wir bei Erbschaften vor allem ans Geld denken. Warum schreiben wir beispielsweise nicht unsere Lebensgeschichte? Könnten es nicht unsere Lebenserfahrungen sein, die wir unseren Kindern »vererben«? Diese Erfahrungen sind das Wertvollste, das wir im Leben gewonnen haben. Es erscheint absurd: Wir brauchen oft ein ganzes Leben, um zu begreifen, was auf der Bühne des Lebens gespielt wird, und wenn wir es endlich halbwegs verstanden haben, nehmen wir diese Erfahrungen mit ins Grab. Andererseits: Vielleicht ist das auch gut so, denn die Jungen können mit dem Erfahrungsschatz der Alten oft nichts anfangen. Und auf diese Weise haben sie die Chance für einen unbekümmerten, unbelasteten Neubeginn.

Millionäre der zweiten Generation

Es ist eine ziemliche Plackerei, viel Geld zu verdienen, wenn man aus einfacheren Verhältnissen stammt. Doch auch die Millionenerben haben oft kein leichtes Leben. Zu groß sind häufig die emotionalen und geistigen Defizite, die in einem Elternhaus begründet liegen, in dem es vor allem ums Geld ging. Oft führen gerade diese Defizite dazu, dass die Erben das Geld ungehemmt ausgeben. Schopenhauer stellte zu dieser Verschwendungssucht fest, sie sei die Folge von Langeweile. So ein junger Mensch würde äußerlich reich, aber innerlich arm in die Welt geschickt und versuche nun vergeblich, »durch den äußern Reichtum den innern zu ersetzen, indem er Alles von außen empfangen wollte, – den Greisen analog, welche sich durch die Ausdünstung junger Mädchen zu stärken suchen.«[30]

Mindestens genauso problematisch wie diese Verschwendungssucht ist eine Ehrfurcht vor dem Geld, das man kaum auszugeben wagt. Viele Erben haben verinnerlicht, wie viel Entbehrung das Anhäufen von Reichtümern mit sich gebracht hat. Eher überich-orientierte Kinder sind dann nicht in der Lage, freizügig mit dem Geld umzugehen. Sie fühlen sich, als würde noch immer der Vater mit missbilligendem Blick jede Geldausgabe kommentieren.

Gerade bei strengen Vätern, die den Kindern neben dem Geld psychische Probleme hinterlassen haben, ist die Erbschaft mit einem unsichtbaren Fluch belastet. Das Geld macht dann nicht glücklich, weil es Teil eines inhumanen Systems ist. Allerdings verstehe ich durchaus die Argumente jener Erwachsenen, die als Ausgleich für seelische und körperliche Verletzungen auf dem Erbe beharren. Eine 40-jährige Frau sagte mir während eines Interviews: »Mein Vater war immer ein Despot und auch meine Mutter war extrem schwierig. Ich war manchmal sehr nahe dran, in diesem Haus verrückt zu werden. Nun will ich wenigstens das Erbe haben. Für mich ist es eine Art Schmerzensgeld.« Immerhin beträgt die Gesamterbschaft fast 200.000 DM und die Frau erhält dadurch die Möglichkeit, sich ihren Lebensinhalt etwas freier zu gestalten.

Doch es gibt auch Menschen, die deutlich spüren, dass sie auf das Geld verzichten müssen, wenn sie ein eigenes Leben beginnen wollen. John Sedwick schrieb einmal über die Erben: »Sie können sich von dem Schatten ihrer Vorfahren nie befreien; sie leben gewissermaßen immer im Haus ihres Vaters.« Dieses Vatererbe zu überwinden ist nicht einfach. Denn mit dem Geld übernimmt man oft auch einen »Familienfluch«. Man sagt zwar, Geld stinkt nicht. Doch manchmal hängt an Geld ein böser Geist. An jedem Hundertmarkschein kleben nicht nur Schweiß, sondern auch einsame Stunden, Liebesunglück, Lebensängste und Panik. Und über diese Gefühle wird nicht gesprochen, mit ihnen müssen die Erben allein fertig werden. Wie schwierig das häufig sein kann, zeigt sich nach Joel Covitz darin, dass unter den Nachkommen der Reichen eine verhältnismäßig hohe Zahl von Drogensüchtigen, Alkoholikern und Selbstmördern zu finden ist.[31]

Ludwig Wittgenstein

Das ist auch das Lebensdrama des Philosophen und Mathematikers Ludwig Wittgenstein. Sein Vater war einer der reichsten Männer der österreichischen Monarchie. Er war ein typischer Kapitalist seiner Zeit, der als Kellner und Barmusiker begonnen hatte und sich mit Rücksichtslosigkeit und Brutalität sein Vermögen erwarb. Sein Leben glich einem riesigen Beutezug. Diese Vaterfigur lastete schwer auf den Kindern. Die ältesten drei Brüder begingen Selbstmord: »Hans nahm sich in Havanna das Leben, weil ihn der Vater zwingen wollte, Ingenieur zu werden; er war der begabteste der Familie. Rudi vergiftete sich mit Zyankali in einem Berliner Kaffeehaus, vielleicht seiner homosexuellen Neigungen wegen. Kurt wählte lieber den Freitod, als in Kriegsgefangenschaft zu geraten. Daß sich auch Ludwig mit Selbstmordabsichten trug, weiß man aus seiner Korrespondenz ...«[32]

Als Ludwig Wittgenstein 24 Jahre alt war, starb sein Vater. Er selbst war nun unermesslich reich. Er studierte Maschinenbau an der TU Berlin und ging später nach London, um Vorlesungen beim berühmten Mathematiker und Philosophen Bertrand Russell zu hören, der ihn ermutigte, Philosophie zu studieren. Sein großes Vermögen veranlasste Wittgenstein dazu, häufig viel Geld zu spenden. Von einer großen Spende an österreichische Schriftsteller profitierten auch Rilke, Kokoschka und Else Lasker-Schüler.

Den Ersten Weltkrieg verbrachte Wittgenstein an der Ostfront, und 1917 machte er dem Kaiser ein Geschenk für den Bau eines 30-Zentimeter-Mörsers. Glücklicherweise floss das Geld dann aber in einen Wohltätigkeitsfonds. Nachdem er aus italienischer Kriegsgefangenschaft zurückgekehrt war, schenkte er sein gesamtes Vermögen seinen Geschwistern. Viele verstanden diesen Schritt nicht. Auch der Notar war entsetzt: »Sie wollen also finanziellen Selbstmord begehen«, stellte er fest. Doch mit diesem »finanziellen Selbstmord« entging Wittgenstein dem Familienfluch und rettete das eigene Leben. Er wählte die Unabhängigkeit, wollte aus eigener Kraft etwas werden und sich nützlich machen. Deshalb ließ er sich zum Volksschullehrer ausbilden und arbeitete eine Zeit lang als Lehrer. Schließlich konnte man ihn überzeugen, wieder zur Philosophie zurückzukehren. Er habilitierte sich, unterrichtete als Professor und nahm die englische Staatsbürgerschaft an.

Wie schwer Wittgenstein die selbst gewählte Armut mitunter gefallen sein muss, zeigt seine Aussage, es sei viel schwerer, freiwillig arm zu sein, wenn man auch reich sein könnte.

Die verwöhnten Millionärssöhne

Eine große Gefährdung vieler Millionärssöhne und -töchter besteht darin, dass sie zu sehr verwöhnt wurden. Wie verhängnisvoll eine solche Verwöhnung sein kann, zeigt das Leben des berühmten Filmschauspielers und Unternehmers Howard Hughes. Sein Vater hatte einen Ölbohrer erfunden, der ihm zu Reichtum verholfen hatte. So hatte später Hughes

junior genügend Zeit und vor allem Geld, um seinen Leidenschaften nachzugehen: Frauen, Fliegen und Filmen. 1938 flog
er um die ganze Welt, was damals eine Sensation war. 1946
kam er bei einem dramatischen Flugzeugabsturz fast ums
Leben. Kaum wieder auf den Beinen, musste er sich vor
einem Untersuchungsausschuss verantworten. Man warf ihm
vor, bei Rüstungsaufträgen Politiker bestochen zu haben und
ein Kriegsgewinnler zu sein. In der Folge musste er die
Kontrolle über seine Luftfahrtgesellschaft aufgeben. Als ihn
dann noch ein enger Vertrauter verließ, begann er sich völlig
zurückzuziehen. Er entledigte sich aller Kleider und entwickelte einen Sauberkeitswahn. Jeder Mitmensch war nun für
ihn ein gefährlicher Keimträger. Seine Mitarbeiter mussten
sich deshalb genauen Reinlichkeitsprozeduren unterwerfen.
In einem Handbuch war exakt festgelegt, was sie zu tun
hatten. Ein typisches Merkblatt begann mit den Worten:
»Mr. Hughes möchte, daß Sie ihm einen Karton Hemden,
einen Karton Hosen und einen Karton Schuhe bringen ...
Er möchte, daß Sie ein nagelneues, garantiert unbenutztes
Messer nehmen, um den Schlitz einer neuen Kleenexpackung
zu öffnen.«[33]

Hughes war durch seine Erziehung, sein Vermögen und
seine Erfolge gewöhnt, dass sich alles nach ihm richtete. Er
ertrug seine Niederlage nicht, sondern wurde verrückt. Er
zog sich deshalb in eine kleine Welt zurück, in der es im
Wesentlichen um Schmutz und Sauberkeit ging. Hier konnte
er wieder alles kontrollieren und kommandieren und auf
diese Weise sein seelisches Gleichgewicht auf einem sehr
niedrigen Niveau aufrechterhalten.

Die verwöhnte Göre

So wie Hughes sind viele Millionärssöhne wenig krisentauglich, weil sie zu sehr verwöhnt wurden. Sie mussten keine Lebensstürme durchstehen, sich nichts erkämpfen, erarbeiten und erstreiten. Der amerikanische Manager Iococca hat in diesem Zusammenhang den Sohn von Henry Ford als »verwöhnte Göre« bezeichnet. Iococca ärgerte sich darüber, dass der Sohn des Firmengründers die These vertrat, man müsse alle Leute in Unsicherheit und Angst halten. Man müsse immer das Gegenteil dessen tun, was von einem erwartet würde. In gewissen Abständen verbrannte er alle Papiere, um keine Beweismittel zu hinterlassen. Iococca kam zu dem Ergebnis, der Sohn Henry Fords sei paranoid. Und er fragte sich, woher seine extreme Unsicherheit kam. Seine Antwort war, dass dieser »in seinem ganzen Leben nie etwas erarbeiten mußte. Vielleicht ist das der Fluch reicher Leute, die ihr ganzes Geld erben. Ihr Leben ist ein Spaziergang durch den Park, wobei sie sich ständig fragen müssen, was ohne Papi aus ihnen geworden wär. Arme Leute klagen, daß sie nie eine Chance hatten, aber der Reiche weiß nie, ob er aus eigener Kraft irgend etwas zustande gebracht hätte. Niemand sagt ihm je die Wahrheit. Man sagt ihm nur, was er hören will.«[34]

Der Dichterfürst Goethe als Millionär

Die Millionäre der zweiten Generation erben nicht nur das Geld, sondern müssen oft auch die Erlebnisse mit einem exzentrischen, arbeitssüchtigen Vater verarbeiten, der vor allem an das Geld dachte. Sie sind seelisch entsprechend deformiert und haben zum Geld keine unbefangene Haltung. Meist entwickeln erst die Millionäre der dritten Generation die Fähigkeit, mutiger und geschickter mit dem Erbe umzugehen. Der Einfluss des strengen, arbeitenden Großvaters ist nicht mehr so prägend, und so haben es die jungen Erben leichter, sich mit dem Geld einen sinnvollen Lebensinhalt zu ermöglichen.

Das lässt sich exemplarisch am Leben des berühmten Dichterfürsten Goethe aufzeigen. Sein Vater lebte von dem Vermögen, das der Großvater erworben hatte. Dies brachte jährlich eine Summe von 2.700 Gulden ein. Für damalige Zeiten war dies recht viel – so verdiente ein Beamter jährlich höchstens 1.800 Gulden. Goethes Vater war ein leidenschaftlicher Sammler, der sich im Hause an vielen Kunstschätzen, Mineralien und Reisedarstellungen erfreute. Zehn Prozent der häuslichen Ausgaben entfielen allein auf Kunst, Literatur und Bildung. Doch ansonsten war er ein schwerblütiger Mann, der im Alter zwanghaft und schwierig wurde.

Erst sein Sohn Johann Wolfgang von Goethe fand zum Geld und zum Leben jene kühne Aufgeschlossenheit, die ihn zum führenden Dichter Deutschlands machte. Ihm war sehr wohl bewusst, dass neben geistigen Anlagen auch das nötige »Kleingeld« erforderlich war. Um »Epoche in der Welt zu machen«, befand Goethe, müsse man erstens »ein guter Kopf« sein und zweitens eine »große Erbschaft« tun. 1829, drei Jahre vor seinem Tode, sagte er deshalb zu Eckermann: »Eine halbe Million meines Vermögens ist durch meine Hände gegangen, um das zu lernen, was ich jetzt weiß, nicht allein das ganze Vermögen meines Vaters, sondern auch mein Gehalt und mein bedeutendes literarisches Einkommen seit mehr als 50 Jahren ...«[35]

Doch Goethe konnte nicht nur das Geld ausgeben. Er konnte auch welches fordern und kannte seinen Wert. Bei seinen Verlegern war er deshalb gefürchtet. Im Falle seines Werkes *Hermann und Dorothea* ließ er beispielsweise seinem Verleger Vieweg die Honorarforderung im verschlossenen

Umschlag überbringen. Dieser musste nun seinerseits einen Vorschlag machen und Goethe drohte, er werde ihm den Zuschlag nicht erteilen, falls dieser unter seiner Forderung liegen würde.

Ein Volk von Erben?

In den letzten Jahrhunderten hat fast jede Generation in Deutschland einen Krieg erlebt. Nicht nur Menschenleben, auch riesige Vermögenswerte wurden dadurch vernichtet. Immer wieder mussten Häuser, Fabriken, Straßen, Brücken repariert oder neu aufgebaut werden.

Als einen Krieg mit anderen Mitteln hat Böll einmal die Nachkriegszeit bezeichnet, in der es um die ökonomische Schlacht des Wiederaufbaus ging. Davon profitieren heute die Erben. Zum ersten Mal im 20. Jahrhundert gibt es ein erhebliches Erbpotenzial. Jedes Jahr werden Vermögenswerte in Höhe von 100 bis 150 Milliarden Mark vererbt. Rund 50 % der Erbschaften betragen mindestens 200.000 DM. Wenn die Entwicklung so weitergeht, so prophezeit Wolfgang Kastner, Präsident der Gesellschaft für Erbrechtskunde, dürften im Jahr 2020 die Hälfte der Deutschen Vermögensmillionäre sein.

Dieser Vererbungsboom elektrisiert nicht nur Banker und Makler, sondern beunruhigt auch Wirtschaftswissenschaftler und Soziologen. Sie stellen sich die Frage, ob nicht ein Volk der Reichen in Bequemlichkeit und Faulheit absinken könnte. Wird eventuell dadurch die Wirtschaft an Dynamik verlieren? Erben wir uns zu Tode?

Doch solche Befürchtungen scheinen weitgehend unberechtigt zu sein. Da die durchschnittliche Lebenserwartung binnen eines Jahrhunderts von 37 auf 76 Jahre gestiegen ist, sind viele Kinder selbst schon jenseits der 50, wenn ihre

Eltern sterben. Der Zukunftszeitraum, in dem wir für gewöhnlich planen, ist aber auf höchstens 15 Jahre begrenzt. Ein 20-Jähriger »rechnet« also in seiner Lebensplanung nicht mit dem Erbe seiner Eltern, auch wenn er davon ausgehen kann, dass er eines Tages möglicherweise reich sein wird. Er wird seine Lebensplanung durchführen, ohne den Faktor Erbe besonders zu berücksichtigen. Wenn er als 55-Jähriger oder 60-Jähriger schließlich erbt, hat er vielleicht selbst ein üppiges Bankkonto, ein Eigenheim und entsprechend Sparkapital. Er ist dann auf das Erbe nicht mehr angewiesen.

Vielleicht ist das auch gut so, denn die Einstellung zum Erbe ändert sich bei den älteren Menschen. In einer Umfrage haben 56 % der 50- bis 75-Jährigen gesagt: »Ich habe es mir verdient, auch einmal an mich zu denken und mein Geld für mich auszugeben.« Nur 23 % der Befragten hatten die Absicht, ihren Kindern ein ordentliches Erbe zu hinterlassen. In Amerika gibt es inzwischen sogar einen eindeutigen Trend. Dort bekennen die Senioren mit Aufklebern auf den Autos: »Wir verjubeln das Erbe unserer Kinder«.

Macht Geld glücklich?

Wer das feste Ziel hat, durch eigene Bemühungen oder eine Erbschaft wirklich reich zu werden, muss mit Seelenbedrohungen rechnen. Eine einseitige Ausrichtung auf das Geld verbiegt fast unweigerlich die Seele (bzw. die der Eltern oder Verwandten) und macht es schwer, das Lebensglück zu genießen.

Nun heißt es schon in einem Sprichwort: Geld macht nicht glücklich, aber es beruhigt. Solche Sprichwörter sind immer interessant, denn sie sind die Quintessenz der Weisheit eines Volkes. Sie enthalten sehr komprimiert die Lebenserfahrung von vielen Generationen. Deshalb machen solche Aussagen auch neugierig und lassen uns fragen, was es mit dem Glück auf sich hat. Aber die unumstößlich scheinende Feststellung »Geld macht nicht glücklich« reizt natürlich auch zum Widerspruch. Denn es gibt durchaus Menschen, die der Meinung sind, man könne ohne genügend Geld nicht glücklich sein. Und nicht jeder ist für ein sparsames, teilweise karges Leben geschaffen.

So klagt auch die hübsche, anspruchsvolle Corinna im Roman *Frau Jenny Treibel* von Theodor Fontane über ihren Vater: »Er unterschätzt alles Äußerliche, Besitz und Geld, und überhaupt alles, was schmückt und schön macht.« Die alte Kommerzienrätin erwidert darauf, ihr Vater sehe das Leben von der richtigen Seite, er wisse,»daß Geld eine Last ist, und daß das Glück woanders liegt.« Und dann fährt sie fort, es seien die kleinen Verhältnisse, die glücklich machen würden. Corinna kann über diese Auffassung nur lächeln und meint:»Das sagen alle die, die drüber stehen und die kleinen Verhältnisse nicht kennen.«[36]

Wer hat Recht? Stimmen Sie eher Corinna zu, die offenbar der Meinung ist, man brauche auch Geld, um glücklich zu sein? Dieser Überzeugung ist jedenfalls der New Yorker Wolkenkratzermillionär Donald Trump, der einmal bekannte:»Ich könnte nicht glücklich sein, wenn ich arm wäre, dazu bin ich einfach zu verwöhnt.« Oder hat das Glück mit dem Geld nichts zu tun? Kann das Geld sogar unglücklich machen? Außerirdische würden sich vielleicht darüber lustig machen, wie wichtig wir das Geld nehmen. So heißt es im Zukunftsroman *Per Anhalter durch die Galaxis* über uns Erdenbewohner: Die meisten von ihnen waren »fast immer unglücklich. Zur Lösung dieses Problems wurden viele Vorschläge gemacht, aber die drehten sich meistens um das Hin und Her kleiner bedruckter Papierscheinchen, und das ist einfach drollig, weil es im großen und ganzen ja nicht die kleinen bedruckten Papierscheinchen waren, die sich unglücklich fühlten.«[37]

Wie werden wir glücklich?

Das Glück ist ein sehr schwer zu fassendes Phänomen. Alle bedeutenden Philosophen haben über das Glück nachgedacht und kamen zu unterschiedlichen Ergebnissen. Doch einig sind sich alle darin: Es ist nicht einfach, glücklich zu werden. Sigmund Freud hat sogar gemeint, das Glück sei im Plan der

Schöpfung nicht vorgesehen. Und der große Pessimist Schopenhauer äußerte, man könne sich schon glücklich schätzen, wenn man kein Unglück erleide. Für ihn ist das Geld die menschliche Glückseligkeit in »abstracto«. Nur wer nicht mehr fähig sei, sie in »concreto« zu genießen, würde sein ganzes Herz daran hängen. Doch warum sind wir so unglücklich und gieren nach dem Geld? Schopenhauer glaubt, dass es dafür zwei Ursachen gibt: Langeweile und Krankheit.

Krankheit, Geld und Lebensglück

Als ich zum ersten Mal die These Schopenhauers las, Krankheit und Langeweile seien die Feinde des Lebensglücks, war ich Anfang 30. Ich war verliebt und die Theorie Schopenhauers kam mir vor wie die Lebensauffassung eines 50-Jährigen, der körperlich schon etwas angeschlagen ist. Tatsächlich erfährt man häufig erst im etwas vorgerückten Alter, wie wichtig die Gesundheit ist. Oft wird man erst nach einigen schweren Krankheiten zur Besinnung kommen und sich im Zweifelsfall nicht für das Geld, sondern für die Gesundheit entscheiden. Erst dann wird man Lichtenberg verstehen, der einmal meinte: »Gesundheit ist zwar nicht alles, aber ohne sie ist alles nichts!«

Die bevorzugten Privatpatienten

Wir leben in einem Zeitalter, in dem in Deutschland jeder – unabhängig vom Vermögen – Anspruch auf eine gute Behandlung haben sollte. Doch dieser Anspruch wurde noch nie vollständig eingelöst. Wer beispielsweise Privatpatient war, wurde in den Krankenhäusern meist schon immer etwas besser versorgt. Zumindest musste er nicht auf Fluren übernachten, weil alle Betten belegt waren. Von Kollegen aus dem psychotherapeutischen Bereich weiß ich, dass sie Angehörige bestimmter Kassen gar nicht mehr aufnehmen. Doch für Privatpatienten haben sie noch immer einen Platz frei, weil sie dann höhere Honorare abrechnen können.

Angesichts immer höherer Zuzahlungen bei Kuren, Medikamenten und Massagen gibt es warnende Stimmen, die auf die Verhältnisse in den USA hinweisen. Dort ist die Krankenversorgung noch wesentlich schlechter als in Deutschland, und die erste Frage, wenn man in ein Krankenhaus eingeliefert wird, lautet oft: »Wer bezahlt alles?« Solange diese Frage nicht geklärt ist, wird die Behandlung nicht übernommen.

Dies ist kein Einzelfall: In vielen Krankenhäusern der Welt werden Behandlungen nur durchgeführt, wenn vorher das Geld für die Behandlung gezahlt wurde. In der Presse wurde kürzlich das Lebensdrama einer jungen Frau geschildert, die aus finanziellen Gründen auf ihre Operation warten musste.[38] Sie hatte eine grausige Geschwulst und hätte sofort behandelt werden müssen. Der Arzt Dr. Sondji war überzeugt, dass man sie retten konnte, wenn man das Bein operierte. Doch nun lag sie schon seit 15 Tagen im Krankenhaus, ohne dass etwas passierte. Denn die Verwandten und Freunde der jungen Frau hatten das Geld für die Operation noch nicht aufgebracht. Dabei ging es nur um etwa 50 Dollar. »Natürlich, das kommt oft vor, daß die Leute sterben, während wir auf das Geld oder das Material warten«, antwortete Dr. Sondji auf die Frage des Journalisten.

Schauplatz dieses Dramas war eines der größten Krankenhäuser in Schwarzafrika in der zairischen Hauptstadt Kinshasa. Doch anderswo sei es auch nicht besser, versicherte der Arzt. Regelmäßige Beiträge zum Haushalt der Klinik gäbe es nicht, durch die irrwitzige Inflation seien die Monatsgehälter auf den Gegenwert von weniger als einen Dollar geschrumpft. Deshalb müsse man für jeden kleinen Handgriff, für jede Tablette, jede Spritze bezahlen.

Die Ärmsten werden immer kränker

In vielen Staaten der Welt hängen Gesundheit und Lebenserwartung vom Geld ab. Millionen Menschen sterben, weil sie arm sind. Eine der häufigsten Todes- und Krankheitsursachen sei die Armut in den Entwicklungsländern, stellt die Weltgesundheitsorganisation (WHO) in ihrem 1997 in Genf vorgelegten Weltgesundheitsbericht fest. Mehr als eine Milliarde Menschen lebe in bitterer Armut, fast ein Drittel der Kinder sei unterernährt, und die Hälfte der Menschheit habe keinen Zugang zu den wichtigsten Medikamenten, so die WHO.

In den wohlhabenden Staaten sind es nur fünf von 1.000 Kindern, die das fünfte Lebensjahr nicht erreichen. In den ärmsten Staaten aber sterben 161 Kinder vor diesem Alter. 1993 hätten zwölf Millionen Kinder unter fünf Jahren in Entwicklungsländern gerettet werden können, wenn sie die gleiche gesundheitliche Versorgung und Ernährung erhalten hätten wie Kinder in Industriestaaten. Die Wahrscheinlichkeit, dass eine Frau im Kindbett stirbt, ist in der so genannten Dritten Welt 13,5-mal so hoch wie in den Industriestaaten.

Einige der ärmsten Entwicklungsländer können pro Person und Jahr nur fünf Mark für die medizinische Versorgung ausgeben. Die WHO verweist darauf, dass ständig mehr als zwei Milliarden Menschen weltweit krank seien und viele unter vermeidbaren Krankheiten litten. Die wachsende Kluft zwischen Armen und Reichen führe zu immer mehr Krankheiten und Toten, klagte der Generaldirektor der WHO bei der Vorstellung des Berichts.

»Die Ärmsten der Armen werden immer kränker«, heißt es. In Uganda lebt ein Mensch durchschnittlich knapp 43

Jahre, in Japan beträgt die durchschnittliche Lebenserwartung dagegen 78 Jahre. »Ein reicher, gesunder Mann kann doppelt so lange leben wie ein armer, kranker Mann«, hält die WHO fest. In den afrikanischen Ländern Elfenbeinküste, Zentralafrikanische Republik, Kongo, Uganda und Sambia wird die Lebenserwartung bis zum Jahr 2000 voraussichtlich auf 42 Jahre sinken, in den reichsten Industriestaaten dagegen auf 79 Jahre ansteigen.

Wie schon angedeutet, ist auch in den reichen Industrienationen die Gesundheit teilweise vom Geld abhängig. Bei Untersuchungen von Erstklässlern in Brandenburg wurde beispielsweise festgestellt, dass Kinder einkommensschwacher Eltern häufiger krank sind. Im Berliner *Tagesspiegel* war dazu zu lesen: »Kinder aus sozial schwächeren Schichten litten häufiger an gesundheitlichen Störungen. Sie würden meist nicht oder nicht ausreichend behandelt. Besorgniserregend seien die Unterschiede zwischen Kindern aus sozial benachteiligten und finanziell gutgestellten Familien insbesondere bei geistigen, psychomotorischen oder psychischen Schwächen sowie bei einigen inneren Erkrankungen ...«[39]

Wie entscheidend die soziale Position in der Gesellschaft die Gesundheit beeinflusst, hat auch eine englische Langzeituntersuchung von Arbeitern und Angestellten gezeigt. Danach litten »Nur-Arbeiter« erheblich öfter an Krebs und Herzkrankheiten und starben wesentlich früher als die Vergleichsgruppe.[40] Andere Studien haben gezeigt, dass es auch krankheitsfördernd sein kann, kein Geld zu verdienen: Arbeitslose sind gesundheitlich stark gefährdet. Das Risiko eines Herz-Kreislauf-Leidens oder einer Krebserkrankung steigt erheblich. Außerdem sind Arbeitslose stark unfall- und suizidgefährdet, so Rolf Rosenbrock vom Wissenschaftszentrum Berlin. Die Sterblichkeitsrate bei Erwerbslosen liegt sogar 50 % über dem Bevölkerungsdurchschnitt.[41]

Der Tag ist mein

Es ist absurd: Wir leben in einer Gesellschaft, in der die einen wegen mangelnder Arbeit krank werden und die anderen sich »totschuften«. Am absurdesten ist dies bei den Ärzten, die eigentlich Vorbilder für einen gesunden Lebensstil sein sollten. Ihre Arbeitsbedingungen in den Krankenhäusern sind häufig »mörderisch«. Abgesehen von einem oft schlechten Arbeitsklima und der permanenten Überlastung wirkt die Arbeitszeit der Ärzte geradezu lebensverkürzend. Zwar sollte eine neue Arbeitszeitregelung verhindern, dass ein 34-stündiger Dauereinsatz ohne Schlaf und Pause nicht mehr vorkommt. Doch diese »für Patienten gefährliche und Mediziner gesundheitlich ruinierende Praxis ist trotz des Gesetzes weiter verbreitet«, kritisiert die Berliner Ärztekammer.

Nicht minder belastend sind die Probleme vieler Kollegen, die als Psychotherapeuten oder Hausärzte in eigener Praxis arbeiten. Ihr Honorar sinkt von Jahr zu Jahr. Auf den Kongressen wird vorwiegend darüber gesprochen, wie man am besten seine Leistungen gegenüber der Krankenkasse abrechnen kann. Ich bin überzeugt, dass auch solche ständigen Sorgen gesundheitsschädlich sind. Kaum etwas beeinträchtigt unser Gesundheitssystem mehr als eine permanente Anspannung. Und nichts ist so wichtig für unser Leben als wenigstens das gelegentliche Gefühl der Sorglosigkeit. Dieses Gefühl der Sorglosigkeit stellt sich in einer von Arbeitslosigkeit bedrohten Berufswelt eher ein, wenn wir genügend Geld haben. Am schönsten ist es natürlich, wenn man angesichts solcher Arbeitsbedingungen die *Wahl* hat, nicht mehr arbeiten gehen zu müssen. Selbst Schopenhauer pries diese Unabhängigkeit als unschätzbaren Vorzug. Es sei die Befreiung von einem allgemeinen Frondienst, was ja sonst das naturgemäße Los jedes »Erdensohnes« sei. Nur unter diesen Bedingungen des Schicksals wäre man als wahrer Freier geboren, sei Herr seiner Zeit und könne jeden Morgen sagen: »Der Tag ist mein«.[42]

Die Langeweile

Neben der Krankheit ist für Schopenhauer die Langeweile der Feind des Lebensglücks. Er befindet sich damit in Übereinstimmung mit dem französischen Philosophen Pascal, der schon im 17. Jahrhundert meinte, die Langeweile sei der Abgrund der menschlichen Existenz. Nichts sei dem Menschen so abträglich wie ein Leben ohne Leidenschaft und Tätigkeit. »Dann wird er sein Nichts fühlen, seine Verlassenheit, seine Unzulänglichkeit, seine Abhängigkeit, seine Ohnmacht, seine Leere. Unablässig wird aus der Tiefe seiner Seele die Langeweile aufsteigen, die Niedergeschlagenheit, die Trauer, der Kummer, der Verdruß, die Verzweiflung.«[43]

Nach einer Umfrage leidet jeder dritte Deutsche akut unter Langeweile. Doch die Angst vor der Langeweile kennt in dieser unruhigen Welt fast jeder. Wir werden durch die Medien mit Reizen geradezu bombardiert und fühlen uns trotzdem (oder vielleicht gerade deshalb) häufig leer und müde. Wir machen Abenteuerurlaube, leisten uns vielfältige Vergnügungen und empfinden das Leben dennoch gelegentlich als langweilig. Das gibt selten jemand offen zu, weil dies fast als Eingeständnis eines Scheiterns interpretiert wird. Selbst in meinen Therapiegruppen, in denen offen über Schwächen und Probleme gesprochen wird, bekennt daher selten jemand freimütig, dass er das Leben und mitunter auch sich selbst als langweilig empfindet. In der Schule erlebte ich früher, dass die Jungen durchaus einen zweifelhaften Ruf haben durften. Sie durften »blöd«, faul, rauflustig sein oder Pickel im Gesicht haben. Doch wenn sie langweilig waren, hatten sie bei den Mädchen verspielt.

Die Flucht vor der Langeweile

Viele menschliche Verhaltensweisen kann man nur dann richtig verstehen, wenn man sie als Flucht vor der Langeweile begreift. Dann erschließt sich uns auch der Sinn der hektischen Betriebsamkeit vieler Menschen. Wer ständig putzt und aufräumt, verreist und unterwegs ist, flieht mitunter vor dem Erlebnis der inneren und äußeren Leere. Dies drückt sich auch in der Aussage eines Motorradfahrers aus, der mir vor einiger Zeit sagte: »Ich fahre am Wochenende weit weg. Es ist mir egal wohin, Hauptsache, es geht schnell.« Selbst viele Ehestreitigkeiten sind die Folge einer ausgeprägten Langeweile. Weil man sich nichts zu sagen hat und sich miteinander langweilt, fängt man an zu streiten. Dann ist wenigstens etwas los, es ist »Stimmung in der Bude« und man ödet sich nicht wortlos an.

Die Arbeit als Kampf gegen Langeweile

Oft ist auch die Arbeit ein Kampf gegen innere Langeweile. Es gibt viele, die ihren Tag deshalb mit Arbeit überfrachten. Donald Trump beschrieb seinen Arbeitstag so: »Meistens wache ich morgens sehr früh auf und lese jeden Tag als erstes die Morgenzeitung. Gewöhnlich komme ich gegen neun in mein Büro und mache mich sofort ans Telefon. Es vergeht kaum ein Tag, an dem ich weniger als fünfzig Anrufe tätige, und manchmal sind es sogar mehr als hundert. Dazwischen habe ich mindestens ein Dutzend Termine. Die meisten ergeben sich spontan, und nur ganz wenige dauern länger als fünfzehn Minuten. Eine Mittagspause mache ich selten. Ich verlasse mein Büro gegen 18 Uhr 30, aber dann telefoniere ich oft noch bis Mitternacht von zu Hause, und auch das ganze Wochenende.«[44]

Trump liebt dieses von Arbeit erfüllte Leben. Er hat ständig mit angesehenen Persönlichkeiten zu tun und trifft hohe Politiker und einflussreiche Geschäftsleute. Doch ist er dabei auch glücklich? Findet er gelegentlich seine innere Ruhe und kann er sich über seine Erfolge freuen? Wer glücklich ist, will auch einmal innehalten. Genau dies tritt beim Streben nach Reichtum nicht ein. Weil die innere Leere bleibt, braucht Trump fortwährend das Toxikum der Arbeit. Deshalb kann er nie ausruhen und seine innere Welt pflegen. Und Trump sagt selbst: »Anstatt zufrieden zu sein, wenn alles glatt läuft, werde ich bald ungeduldig und reizbar. Und so halte ich nach immer mehr Geschäften Ausschau. An einem Tag, an dem ich mehrere heiße Eisen im Feuer habe und die Anrufe und Faxe hin und her jagen und fühlbare Spannung in der Luft liegt – ja, in solchen Zeiten fühle ich mich so wie andere Leute, wenn sie im Urlaub sind.«[45]

Das Leben des Waffenhändlers Kaschoggi

Äußere Aktivitäten sind nie ein Heilmittel gegen innere Langeweile. Zwar können uns spannende Veranstaltungen, Abenteuer und Begegnungen mit interessanten Menschen die Zeit angenehm verkürzen. Aber der Schlüssel zum inneren Glück ist dies nicht. Sonst wäre der Waffenhändler Kaschoggi, dessen Vermögen bei einem Scheidungsprozess auf 6 Milliarden Dollar geschätzt wurde, ein glücklicher Mann gewesen. Er verfügte über eine Luxusjacht, die 86 Meter lang war, über eine 40-Mann-Besatzung, einen eigenen Hubschrauber und geradezu fürstlich ausgestattete Räume. Kaschoggi war ein Lebemann, der seinen Reichtum offen zur Schau stellte.

Und er war dafür bekannt, dass er einen unstillbaren Durst nach Frauen hatte. Manchmal ließ er sich von einer Agentur gleich zehn Frauen für einen Abend kommen und teilte sie mit seinen Freunden und Geschäftspartnern. Sein oberster Butler fragte sich oft, was Kaschoggi mit so vielen Frauen anstellte. Er sah ihn von einem Schlafzimmer ins andere laufen und kündigte schließlich, weil er damit nichts mehr zu tun haben wollte.

Sicher hatte Kaschoggi vielfältige Motive, warum er diese Mädchen mietete. Doch ein entscheidender Grund war, dass er Frauen um sich haben wollte, die ihm Gesellschaft leisteten. »Denn trotz all der vielen bekannten Gesichter um ihn herum, trotz der Staatschefs, die an seiner Tafel saßen, war Kaschoggi tief in seinem Innersten ein einsamer Mensch … Die Mädchen halfen ihm, die innere Leere zu überbrücken.«[46]

Der Zündholzkönig Kreuger

Dass wir das Problem der Langeweile nicht mit Geld lösen können, zeigt sich noch deutlicher und tragischer im Leben des schwedischen Zündholzkönigs Kreuger. Dieser verfügte vor dem Zweiten Weltkrieg in zahlreichen Ländern über das Zündholzmonopol. Das hatte ihn zwar reich gemacht, dennoch war er unglücklich und sehr einsam. Schon als Kind war er ein bewunderter Außenseiter, ein Musterknabe, der nie lachte und zu echten Gefühlen nicht fähig war.

In einem Brief bekannte Kreuger einmal: »Ich fühle mich sehr unglücklich, wenn ich mit anderen Menschen zusammen und für längere Zeit mit ihnen allein sein muß. Ich kann mit ihnen nur auskommen, wenn ich Befehle gebe. Wenn ich ihnen sagen kann, dies oder jenes zu tun. Aber wenn sie mir von ihren Sorgen erzählen, langweilt es mich immer. Sie scheinen überhaupt nie zu wissen, warum sie leben … Wenn ich diese Menschen mit den Biographien vergleiche, die ich lese, sehe ich ganz klar, wie unwichtig und uninteressant meine Zeitgenossen sind.«[47]

Die langweiligen Mitmenschen?

Der Zündholzkönig war ein Psychopath. Doch auch gesellige Menschen werden eingestehen, dass ihre Zeitgenossen gelegentlich etwas langweilig sind. Wenn man kritisch veranlagt ist, könnte man sagen: Die meisten erzählen immer dasselbe, berichten von den gleichen Sorgen, ihr Lebenshorizont ist eher beschränkt. Es sind die Alltagsprobleme, die uns beschäftigen. Nur selten schaffen es die meisten Menschen, etwas über diesen Dunstkreis des Alltags hinauszuschauen. Zwar erleben wir durchaus viel Wirbel, wenn wir uns um Kinder, den Haushalt, das Geldverdienen und Krankheiten kümmern. Diese Lebensprobleme nehmen uns gefangen und halten uns in Atem. Aber irgendwie ist es doch immer die gleiche, ziemlich monotone Melodie. Sie hinterlässt in uns ein Defizit, das wir durch eine Sehnsucht nach Spannung auszugleichen versuchen: Wir schauen uns im Fernsehen einen Mord nach dem anderen an, springen an einem Gummiseil in die Tiefe oder ernähren uns in einem Überlebenstraining von Gräsern und Heuschrecken.

Ich selbst bevorzuge es, Bücher zu lesen und mir dadurch die Langeweile zu vertreiben. Sie vermitteln mir auf eine sehr komprimierte Weise eine spannende Welt, führen mich in vergangene Zeiten und verdeutlichen mir, wie unsere Vorfahren für eine gerechtere Welt gekämpft haben und gestorben sind. Sie zeigen, wie gefährlich die Entdeckung der Erdteile war und wie mühsam das heute so selbstverständliche Wissen über die Natur und das Wetter erworben wurde. Sie schildern den Werdegang herausragender Persönlichkeiten, und ich kann in nur wenigen Tagen ein ganzes Menschenleben studieren.

Bücher sind preiswert, man kann sie fast überall kostenlos ausleihen und sie leisten einen wichtigen Beitrag im Kampf gegen die Langeweile. Doch sie haben einen entscheidenden Nachteil: Das Studium der Bücher ist immer ein Glück aus zweiter Hand. Und wir brauchen ein glühendes Herz, eine lebendige Phantasie, damit aus den Buchstaben eine Botschaft wird, die uns zutiefst erfasst. Dies bedingt aber, dass wir eigene Lebensziele anstreben und verwirklichen und kein »Bücherwurm« werden.

Das Glück ist wie ein Gespenst

Für unser Glück ist es entscheidend, dass wir Ziele anstreben, die über unseren kleinen alltäglichen Lebenskreis hinausgehen. Wer leidenschaftlich ein wichtiges Ziel verfolgt, kennt keine Langeweile und ist mitunter sehr glücklich. Denn das Glück stellt sich nicht durch das ein, was uns mühelos zufällt. Der Philosoph Nicolai Hartmann hat sogar gemeint, man könne das Glück nicht direkt erreichen. Wer das Ziel habe, ein glücklicher Mensch zu werden, würde nie glücklich werden. Denn das Glück sei wie ein Gespenst und würde immer vor jenen Menschen fliehen, die es zu sehr bedrängen. Das Glück sei eher eine Sekundäreigenschaft. Wer leidenschaftlich für eine wichtige Sache kämpft, voll in ihr aufgeht, alles andere dabei vergisst, der wird mit dem Erlebnis des Glücks belohnt. Doch wir sind meist bequem und meinen, das Glück müsste uns zufallen wie die gebratenen Tauben im Schlaraffenland.

Viele Studien haben gezeigt, dass sich das Glück eher einstellt, wenn man eine große Herausforderung bewältigt. Wer mühsam einen Berg bestiegen hat, nach vielen Jahren endlich den ersehnten Bühnenauftritt erlebt oder eine schwierige, wichtige Prüfung bestanden hat, fühlt danach ein unbeschreibliches Glücksgefühl. Der bedeutendste Experte auf diesem Gebiet des Glücks ist Mihaly Csikszentmihalyi. Er hat in den frühen 60er-Jahren eine Gruppe von Malern, Bildhauern und Tänzern beobachtet und war von ihrer fanatischen Hingabe an die Arbeit begeistert. Während des Schaffens verschwendeten sie keinen Gedanken an das Geld oder den Erfolg. Sie gingen in ihrer Arbeit auf, nichts konnte sie ablenken. Sie vergaßen die Welt um sich herum. In den folgenden Jahren untersuchte der Psychologieprofessor diese »positive Sucht«. Er stellte fest, dass das Highgefühl vor allem dann auftrat, wenn eine optimale Herausforderung an das Wissen und Können eines Menschen gegeben war. Freude entsteht, wenn wir einen Zustand höherer Vollkommenheit erreichen, sagen die Philosophen. Deshalb sind wir glücklich, wenn uns etwas gelingt, das für uns wichtig ist. Das kann ein schwieriger Geschäftsabschluss sein oder ein aufregendes Gespräch. Wir freuen uns, wenn unsere sportlichen Leistungen gestiegen sind. Oder wir sind innerlich angeregt, wenn wir durch das Lesen eines Buches unser Wissen erweitert haben. Solche Tätigkeiten müssen während ihrer Ausübung nicht immer angenehm sein. Wichtig ist jedoch, dass wir hinterher zufriedener sind und spüren, dass unser Selbst gewachsen ist.

Die sieben Glücksschritte

Csikszentmihalyi ist der Überzeugung, dass wir lernen können, glücklich zu sein. Dazu müssen wir sieben Schritte beachten:[48]

1. Wir sollten uns Ziele setzen, denen wir uns gewachsen fühlen. Wir machen im Leben oft den Fehler, dass wir uns unterfordern und uns – vor allem im fortgeschrittenen

Alter – keinen echten Herausforderungen mehr stellen. Doch ebenso ist es ein Fehler, wenn wir die Ansprüche zu hoch ansetzen. Tamara Dembo hat in ihrer Doktorarbeit über das Anspruchsniveau darauf hingewiesen, dass seelisch »gesunde« Menschen das Anspruchsniveau senken können, wenn sie ihr Ziel nicht erreichen, und es anheben, sobald sie eine Zeit lang Erfolg haben. Das ist das Geheimrezept vieler erfolgreicher Sportler, das wir alle beherzigen sollten.

2. Wir müssen uns auf unsere eigentliche Aufgabe konzentrieren. Viele Menschen nehmen sich zu viele Ziele vor, sind jeweils halbherzig dabei, geben bei dem ersten Misserfolg auf und sind frustriert.

3. Wir setzen uns realistische Ziele, die uns auch eine unmittelbare Rückmeldung geben.

4. Wir handeln mit einer tiefen Hingabe, die uns alle Alltagssorgen vergessen lässt.

5. Positive Erfahrungen geben uns ein Gefühl der Souveränität.

6. Wir erleben, dass die Sorgen um das eigene Selbst verschwinden.

7. Das Gefühl für Zeitabläufe verändert sich. Das Leben wird kurzweilig (Stunden werden zu Minuten), und manchmal haben wir den Eindruck, die Zeit steht still (Minuten werden zu Stunden).

Die Verwirklichung dieser »Anleitung des Glücks« ist für viele am leichtesten, wenn sie eine körperliche Aktivität ausführen, weil hierbei häufig ein unmittelbares Erlebnis der Freude möglich ist. Doch auch soziale Fähigkeiten zählt Csikszentmihalyi zu seinem Glücksprogramm – vor allem schüchterne Menschen wissen, wie schwierig es ist, andere Menschen kennen zu lernen. Gelegentlich können solche Glückserfahrungen auch ungewöhnlich sein, wie z.B. die

Erlebnisse eines Seglers, der allein den Ozean überquert. Jim Mecbeth, der eine Untersuchung über Higherlebnisse bei Ozeanüberquerungen durchführte, berichtet von den Glückserfahrungen der Segler, als sie plötzlich wieder Land sahen.

Wichtig ist in jedem Falle, dass man sich für das Ziel anstrengen muss und alles um sich herum vergisst. Wir können dann einen eigenartigen Effekt beobachten. Unser Selbstbewusstsein steigt, indem wir etwas erreichen, was uns wichtig ist. Und gleichzeitig nehmen wir uns und unsere Sorgen nicht mehr so wichtig. Was zählt, ist die Sache.

Arm und glücklich?

Das Geheimnis des Glücks besteht darin, dass wir die eigene Lebendigkeit spüren und uns entwickeln. Deshalb sind Kinder oft noch relativ glücklich. Sie verfügen über die Fähigkeit, neugierig zu sein, sich wirklich in etwas zu vertiefen und sich über die Erweiterung des eigenen Ichs zu freuen. Und deshalb fühlt man sich oft auch in jenen Studienzeiten glücklich, in denen man zwar über wenig Geld verfügt, aber noch an Ideale und Ziele glaubt und ihnen nachstrebt. Dies erklärt, warum der junge Honoré de Balzac so glücklich war, obgleich er frierend in einer Dachkammer saß, um ein großes Werk zu verfassen.

Der später so berühmte Balzac beschloss mit 20 Jahren, sein Jurastudium und seine Schreibertätigkeit bei einem Notar aufzugeben. Er wollte Schriftsteller werden, teilte er der verblüfften Familie mit. Die durchaus nicht arme Familie unterstützte ihn für die Dauer von zwei Jahren mit einer extrem geringen Summe. Balzac zog deshalb in eine elende Dachstube, in der es im Winter kalt und im Sommer unerträglich warm war. Wie ein Besessener fing er an zu schreiben. Manchmal verließ er für eine Woche die Mansarde nicht und lebte wie im Kloster. Aber es ging ihm gut: Trotz seiner Armut empfand er den inneren Reichtum seines Lebens, fühlte sich in tiefer Übereinstimmung mit seinen Idealen und war von dem Wunsch erfüllt, etwas Großes zu schaffen. Er wollte der »Napoleon der Literatur« werden, hatte er der Schwester gestanden. Und so lebte er mitunter wie im Glücksrausch und schrieb später in einem autobiographischen Roman:

Meine »Mansarde mit ihren schmutzigen gelben Wänden war schrecklich – aber in all ihrem Elendgeruch schien sie wie geschaffen für einen Gelehrten. Die Zimmerdecke stieg schräg ab und durch die Fugen der Ziegel sah man den Himmel. Das Zimmer hatte Platz für ein Bett, einen Tisch und ein paar Sessel ... In diesem luftigen Grabe habe ich an die drei Jahre gelebt, habe Tag und Nacht ohne Unterlaß und mit solcher Lust gearbeitet, daß mich das Studium die schönste Aufgabe und die glücklichste Lösung des Menschenlebens dünkte. Die Stille und das Schweigen, das dem Gelehrten so nötig ist, sind sanft und betäubend wie die Liebe. Die Denkarbeit, das Durchforsten der Ideen und die stillen Betrachtungen der Wissenschaft beschenken uns mit unsagbaren Köstlichkeiten ... Eine Idee sehen, die ... sich wie die Sonne erhebt, und schöner noch, wie ein Kind wächst, die Reifezeit erreicht und wirklich männlich wird – das ist eine Freude, die allen irdischen Freuden überlegen ist – oder vielmehr, das ist göttliche Lust.«[49]

Mit unerschütterlichem Willen schrieb Balzac seine Romane. Seine Beine mit einer alten Wolldecke zugedeckt, seine Brust durch eine Flanellweste vor Kälte geschützt, warf er die Buchstaben auf das Papier. Doch sein erstes Werk war nur von mittelmäßiger Qualität. Um von seiner Mutter endlich finanziell unabhängig zu sein, ließ er sich auf die Idee eines Freundes ein. Dieser schlug ihm vor, volkstümliche Romane zu verfassen, mit denen viel Geld zu verdienen sei. Balzac sagte zu, arbeitete wie verrückt und träumte davon, reich zu sein. Später hat man ihm vorgeworfen, dass er dadurch seinen Stil verdorben hätte.

Man kann immer nur eine Tasse Kaffee trinken

Gerade Balzac ist ein tragisches Beispiel dafür, dass man *auch* Geld benötigt, um seine Lebensziele zu verwirklichen. Um zu essen, zu trinken, für Wohnung und Kleidung brauchen wir ein gewisses Existenzminimum. Insofern ist Geld für das Lebensglück unentbehrlich. Auch eine schöne Wohnung, eine Reise in unbekannte Länder und ansprechende Kleidung tragen durchaus zu unserem Glücksgefühl bei. Doch wenn ein gewisser Sättigungspunkt erreicht ist, macht uns noch mehr Geld oder noch mehr Konsum auch nicht glücklicher. Denn die Fähigkeit des Geldes, Glücksimpulse auszulösen, wird jenseits dieses Sättigungspunktes immer geringer. Dies betrifft vor allem die Lebensbereiche Essen, Schlafen, Trinken und Kleidung. Zwar kann ich diese Bedürfnisse verfeinern und mich in »Samt und Seide« kleiden. Doch ist dies für mein Glückserleben eher unbedeutend. Zu Recht sagt die Kommerzienrätin in Theodor Fontanes Roman *Frau Jenny Treibel*: »Ich kann doch auch nur eine Tasse Kaffee trinken, und wenn ich mich zu Bette lege, so kommt es darauf an, daß ich schlafe. Birkenmaser oder Nußbaum macht keinen Unterschied, aber Schlaf oder Nichtschlaf, das macht einen, und mitunter flieht mich der Schlaf, der des Lebens Bestes ist, weil er uns das Leben vergessen läßt.«[50]

Viele Menschen müssten bekennen, dass sie eigentlich alles Notwendige zum Leben haben. Bei jedem Geburtstag ist es deshalb eine Qual, ihnen etwas zu schenken. Wenn sie trotzdem Glückserlebnisse durch Konsum erzielen wollen, brauchen sie immer extremere Lebenseindrücke, verrücktere

Abenteuer oder fernere Reisen. Es verhält sich dabei wie mit anderen Suchtmitteln, von denen man mit der Zeit eine immer größere Dosis braucht, um eine Wirkung zu verspüren.

Sehr oft werden diese Menschen auch von einer Geldausgabe enttäuscht sein. Fast jeder Konsum jenseits der Sättigungsgrenze hat es an sich, dass die Vorfreude fast am schönsten ist. Denn eigentlich »brauchen« wir die Kleidung, das Möbelstück oder das Bild nicht unbedingt. So freuen wir uns zwar, weil wir uns durch den Kauf für die Frustrationen des Lebens entschädigen wollen. Doch dies ist nicht der Sinn eines Kleidungsstückes. Wir überfordern quasi diesen Gegenstand, erhoffen uns zu viel von ihm. Und deshalb sind wir fast zwangsläufig nach dem Konsum enttäuscht, wenn es sich um einen so genannten Frustkauf handelt.

Ein schöner Sonnenuntergang

Weil uns der Konsum keine wirklichen Glückserlebnisse bringt, müssen wir immer wieder etwas Neues kaufen. Denn seine Kompensationswirkung hält nicht an. Letztlich ist dies wie ein Fass ohne Boden. Demgegenüber reicht es bei echten Glückserlebnissen aus, wenn wir sie einmal erlebt haben. Eine große Liebe, ein hart erkämpfter Erfolg im Sport oder das Erlebnis eines schönen Sonnenuntergangs hinterlassen bleibende Spuren in unserer Erinnerung und führen zu einem unauslöschlichen Glücksgefühl. Solche Erlebnisse sind zwar meist unwiederholbar, letztlich aber auch unbezahlbar.

Ein gutes Beispiel für einen solchen Erlebnisreichtum ist für mich ein junger Freund, der regelmäßig mit dem Fahrrad durch Deutschland fährt. Er kommt immer ganz begeistert zurück und berichtete mir kürzlich: »Ich liebe es, wenn ich den Wind an meiner Haut spüre und die Landschaft erlebe. Doch besonders intensiv erlebe ich die menschlichen Begegnungen: das Gespräch mit dem wettergegerbten Bauern, der mir etwas über Land und Leute im Oderbruch erzählt. Oder wie spannend war es, der alten Bäuerin zuzuhören, die trotz ihrer körperlichen Probleme lächelnd meinte, das Leben sei doch schön, der Herrgott habe es gut mit ihr gemeint.«

Gerade junge Menschen haben oftmals noch ein Gespür für solche Erlebnisse, das mit den Jahren manchmal verloren geht. Oder können Sie sich noch daran erinnern, wie schön der Anblick des Sternenhimmels ist? Wie prickelnd sich das Wasser eines Gebirgsbachs auf unserer Haut anfühlen kann? Und wie entspannend es ist, das frische Gras einer Wiese zu riechen und seine Seele baumeln zu lassen?

Während wir von solchen Erlebnissen zutiefst angerührt werden, bleiben wir beim passiven Konsumieren innerlich unberührt, wenn die Sättigungsgrenze erreicht ist. Dies erklärt auch, warum es beim Glücksempfinden kaum Unterschiede zwischen der gehobenen Mittelschicht und wirklich reichen Menschen gibt. Aber gerade solche Aussagen, die so verführerisch einleuchtend wirken, bedürfen immer wieder der wissenschaftlichen Bekräftigung. Denn die meisten Menschen leben doch so, als ob das Geld glücklich machen würde. Und so wurden in den letzten Jahren unzählige Untersuchungen über den Zusammenhang zwischen Reichtum und Glück durchgeführt. Beispielsweise fand der amerikanische Soziologe Lewis Yablonski in jeder Einkommensschicht nur 30 % Menschen, die über mehr Geld verfügen wollten, aber 70 % zufriedene. Auch das Ergebnis einer Befragung des US-Wirtschaftsmagazins Forbes zeigt, dass die Reichen nur unbedeutend glücklicher sind als der Durchschnittsamerikaner. 37 % der Befragten gaben sogar an, weniger glücklich zu sein als der Durchschnitt.[51]

Warum Reichtum so wenig glücklich macht, hat besonders den deutschen Philosophen Schopenhauer beschäftigt. Dieser hatte einen reichen Vater, der eine schwierige Ehe mit einer wesentlich jüngeren Frau führte. Als sein Vater bereits krank im Rollstuhl saß, stürzte er eines Tages aus einer Speicherluke seines Lagerhauses in einen Kanal und ertrank. So hat Schopenhauer schon als Jugendlicher erlebt, wie begrenzt die Bedeutung des Geldes ist.

Später untermauerte er dies in einer umfassenden Theorie des Glücks. Er unterschied drei Klassen menschlicher Güter: was einer vorstellt, was einer hat und was einer ist. Die Kategorie »Was einer vorstellt« umfasst die gesellschaftliche Anerkennung, auf die wir notfalls verzichten können. Es ist gelegentlich sicher schön, von den Mitmenschen geschätzt zu werden. Doch je mehr Anerkennung wir bekommen, desto unzuverlässiger ist sie und manipuliert sogar unser Verhalten. Skeptisch ist Schopenhauer auch gegenüber der Kategorie des Habens. Lange vor dem Soziologen Erich Fromm, der das Habenwollen des modernen Menschen heftig kritisierte, stellte Schopenhauer das Streben nach materiellen Gütern in Frage. Der Reichtum kann seines Erachtens nur dafür sorgen, unsere materiellen Bedürfnisse zu befriedigen. Mehr vermag das Geld nicht. Denn der Reichtum kann deshalb wenig zu unserem Glück beitragen, weil er keinen inneren Reichtum zur Folge hat. Dieser innere Reichtum besteht aus unseren Erfahrungen, Gefühlen und Gedanken. Er besteht aus dem Erlebnisreichtum, der Intensität unserer inneren Welt. Nachdrücklich weist Schopenhauer darauf hin, dass für das Lebensglück nicht in erster Linie die äußere Welt, sondern die inneren Vorgänge entscheidend sind. Denn wie wir die Welt empfinden, hat letztlich immer mit unseren inneren Vorgängen, Bildern und Gefühlen zu tun. Was wir spüren – und was uns glücklich oder unglücklich macht –, ist immer die innere Stellungnahme zur Welt.

Der innere Reichtum Goethes

Alfred Adler sprach von der schöpferischen Antwort, die wir auf Lebensfragen geben müssten. Und diese Antwort kann intelligent und produktiv oder auch selbstvernichtend ausfallen. Es gibt Menschen, die seelisch stumpf durchs Leben gehen, und andere, die sehr viel erleben, obwohl ihr Alltag ziemlich ruhig verläuft. Deshalb meint Schopenhauer, es sei falsch, wenn wir Menschen wegen ihres Erlebnisreichtums beneiden. Denn diese Menschen erleben oft nicht mehr als andere. Sie erleben nur intensiver und menschliche Begegnungen lösen in ihnen mehr Gefühle und Gedanken aus. Insofern hält es Schopenhauer auch für einen Fehler, wenn wir beispielsweise Goethe um seine schönen Erlebnisse beneiden, die in seinen Gedichten zum Ausdruck kommen. Bewundern sollten wir ihn stattdessen um seine Phantasie, die es ihm ermöglichte, ziemlich alltägliche Vorfälle so einzigartig darzustellen.

Sein großer innerer Reichtum war Goethe wohl bewusst. Gegenüber Eckermann sagte er einmal, wenn der Schriftsteller Kotzebue um die ganze Welt fahre, habe er nicht mehr erlebt als er, wenn er über die große Blumenwiese im Weimarer Park gehe.

Einer der reichsten Männer der Welt

Goethe war der Meinung, unser innerer Reichtum sei von unserer Persönlichkeitsentwicklung abhängig. Aber wie wird man eine Persönlichkeit? Für Schopenhauer war dies eine Frage der Geistesbildung. Er war sich zwar bewusst, dass Bildung und Lesen allein keinen inneren Reichtum bewirken können. Doch gänzlich ohne diese geistigen Anregungen war für ihn innerer Reichtum undenkbar. Deshalb hielt er es für ein großes Problem, dass die meisten Menschen »ohne eigentliche Geistesbildung« sind und nicht über jene Voraussetzungen verfügen, die sie zur geistigen Beschäftigung befähigen könnten. Denn sie sind »tausend Mal mehr bemüht, sich Reichtum als Geistesbildung zu erwerben. Gar manchen daher sehn wir, in rastloser Geschäftigkeit, emsig wie die Ameise, vom Morgen bis zum Abend bemüht, den schon vorhandenen Reichtum zu vermehren. Über den engen Gesichtskreis des Bereichs der Mittel hinaus kennt er nichts: sein Geist ist leer, daher für alles Andere unempfänglich.«[52] Für Schopenhauer ist ein solcher Mensch töricht, weil er am Ende seines Lebens nur einen Haufen Geld vor sich hat – sofern er »Glück« hatte –, den er vererben kann. Und die Erben wüssten meist nichts Klügeres, als den Reichtum zu vermehren oder das Geld »durchzubringen«.

Wie tragisch das Lebensende eines reichen Menschen sein kann, zeigt die Biographie Howard Hughes'. Dieser war einer der reichsten Männer der Welt und hatte sich nach einer seelischen Krise von fast allen Menschen zurückgezogen. Nun lag er nackt in einem kleinen Zimmer und litt unter unerträglichen Schmerzen. Seine Erscheinung war von großer Hässlichkeit. Bei einer Körpergröße von 1,90 m wog er nur noch 54 Kilo, und er sah dabei aus, als sei er soeben aus dem Grabe auferstanden. Fast all seine Zähne waren verrottete schwarze Stümpfe, seine grässlichen Nägel waren mehrere Zentimeter lang und wuchsen wie gelbe Korkenzieher aus seinen Händen und Füßen. Er wusch sich kaum, putzte sich nicht mehr die Zähne und ging nicht mehr auf die Toilette, sondern urinierte in einen Steintopf. Auf einer Seite seines Kopfes begann ein Tumor zu wachsen, sein Rücken war durchgelegen und wund. Um dies durchzuhalten, bekam er Unmengen Beruhigungsmittel. Der Multimilliardär – Schätzungen sprachen von etwa zwei Milliarden Dollar – war ein erbärmlicher Fixer. Er spritzte jeden Tag ungeheure Mengen

Kodein, oft eine Dosis, die eigentlich tödlich war. Howard Hughes war schon seit gut zwei Jahrzehnten – nach seinem Flugzeugabsturz im Jahre 1946 – drogenabhängig. Der Arzt hatte ihm seinerzeit Morphium verschrieben, um seine Schmerzen zu mindern, und er hatte nicht geglaubt, dass Hughes den Unfall überleben würde. Doch dieser kam wieder auf die Beine, die Ärzte stellten ihn auf Kodein um und er brauchte im Laufe der Jahre immer höhere Dosen.

Hughes kannte bis zu seinem erbärmlichen Tod nur noch ein Vergnügen: Er sah gern stundenlang fern.

Die Geringschätzung des Geldes

Der Milliardär Hughes ist ein tragisches Beispiel dafür, dass Geld nicht glücklich macht. Dennoch ist Geld eine Grundvoraussetzung für das Glück, denn Armut kann sehr unglücklich machen. Die Geringschätzung des Geldes ist fast immer bei jenen Menschen zu beobachten, die reich sind. Ein eindrückliches Beispiel dafür ist der wohlhabende Bankier Siegmund G. Warburg, der in seiner Autobiographie bekennt: »Je älter ich werde, desto mehr empfinde ich Reichtum nicht als Hilfe, sondern als Bürde. Das einfache Leben ist für mich höchstes Bedürfnis.«[53] Wenn dieser Bankier seinem Bedürfnis nach einem einfachen Leben nachgeht, wird er sicherlich trotzdem nicht verarmen.

Der Philosoph Georg Simmel ist der Ansicht, dass uns der Reichtum den Luxus verschafft, Geld zu verachten. Daher traf ich während meiner Gespräche kaum arme Menschen, die dem Geld eine geringe Bedeutung beimaßen. Dazu gehörte eine frühere Pfarrerin aus Rügen, die vergleichsweise wenig verdiente. Empört sagte sie: »Ich finde das Streben nach Geld widerlich. Wir hatten früher wenig Geld, es kam auf andere Dinge an, die uns wichtiger waren.

Auch wir Pfarrer wurden nicht gut bezahlt. Aber das war uns nicht wichtig. Doch jetzt rennt jeder dem Geld hinterher ...«

Das Armutsrisiko

Wie wichtig das Geld dennoch ist, merken wir meist erst dann, wenn wir keines haben. »Ich trug auf allen meinen Wegen der Schulden zentnerschwere Last. Wie Pesthauch wehte mir entgegen die Schwermut. Ich erstickte fast.« So heißt es anschaulich in einem Gedicht von Johann Heinrich Jung-Stilling. Wenn das Geld fehlt, ist es schnell mit unserer guten Stimmung vorbei. Viele Lebenskrisen werden durch den Mangel an Geld ausgelöst. Der Schriftsteller Franz Werfel soll durch seine Geldsorgen sogar verrückt geworden sein. Deshalb schrieb Bert Brecht:[54]

Ach, sie gehen alle in die Irre
Die da glauben, daß am Geld nichts liegt.
Aus der Fruchtbarkeit wird Dürre
Wenn der gute Strom versiegt.
Jeder schreit nach was und nimmt es, wo er's kriegt.
...
So ist's auch mit allem Guten und Großen.
Es verkümmert rasch in dieser Welt
Denn mit leerem Magen und mit bloßen
Füßen ist man nicht auf Größe eingestellt.

Nach der Definition der Europäischen Union gilt ein Haushalt als arm, wenn er weniger als 50 % des durchschnittlichen Haushaltseinkommens zur Verfügung hat. Im Herbst 1997 wurden 12,3 % aller Bundesbürger in der Armutsstatistik geführt. Um arm zu werden, reicht oft schon die Geburt eines Kindes. Im Osten Deutschlands blieben 1993 von den 1,6 Millionen Alleinerziehenden zwei Drittel mit ihrem Einkommen unter der Grenze der Steuerpflicht, im Westen war es die Hälfte.

Allerdings ist die gegenwärtige Armutsentwicklung nicht auf Frauen mit Kindern oder auf untere Einkommensschichten beschränkt. Selbst die Mittelschicht, so der Armutsforscher Gert Wagner, ist inzwischen von einem substanziellen Armutsrisiko betroffen. Bereits der Verlust des Arbeitsplatzes oder eine Scheidung kann den Sturz in die Armut herbeiführen. Von diesem Armutsrisiko sind all jene Menschen betroffen, die nicht mehr als 75 % des Durchschnittseinkommens verdienen. Sie leben am Rande einer Wohlstandsschwelle und sind – so der Frankfurter Soziologe Werner Hübinger – in großen Teilen armutsgefährdet.

Geld und Aggressivität

Die Verunsicherung beim Geld führt bei vielen Menschen zu einer großen Gereiztheit und Aggressivität. Offenbar ist ein gesichertes Einkommen eine Grundvoraussetzung für ein solidarisches Miteinander. Ist dieses Einkommen in Frage gestellt, ist es schnell mit dieser Solidarität vorbei. Ein Berliner Taxifahrer sagte mir kürzlich: »Wir haben jedes Jahr weniger in der Lohntüte. Das hat dazu geführt, dass jetzt jeder nur noch an sich selbst denkt. Früher gab es eine Solidarität unter den Taxifahrern. Man nahm den Kollegen keine Kunden weg. Heute ist sich jeder selbst der Nächste. Wenn über Funk eine Taxe gesucht wird, behaupten viele, sie seien in der Nähe, und bekommen den Auftrag. Dass man in Wirklichkeit viel weiter entfernt ist, kümmert sie nicht. Wenn man die Familie ernähren muss, darf man eben nicht zimperlich sein.«

Verunsicherung durch Inflation

Überall ist heutzutage zu beobachten, dass die finanzielle Ungewissheit die Menschen ungeheuer nervös macht. Sie müssen nicht nur auf einen Teil des Einkommens verzichten. Es liegt vielmehr eine allgemeine Stimmung der Verunsicherung in der Luft. Man spürt, dass dies möglicherweise nur der Beginn eines »Schrumpfungsprozesses« ist. Niemand weiß, wie hoch die Löhne in einigen Jahren sein werden. Vielleicht werden sie real noch weiter sinken. Wir erleben jetzt den gleichen Prozess, wie er sich seit langem in Amerika abspielt. Dort sinken kontinuierlich die Reallöhne und sind mittlerweile auf dem Niveau der 70er-Jahre angelangt. Die Spitzengehälter steigen zwar weiterhin, doch die Mittelschicht existiert bald kaum noch.

Aus Spargründen wird das soziale Netz gekürzt. Und niemand weiß, welche Sicherheit dieses Netz in Zukunft bieten wird. Niemand vermag beispielsweise vorherzusagen, wie hoch die Renten in 40 Jahren sein werden. Im Jahre 2035 müssen voraussichtlich zwei Erwerbstätige für einen Rentner aufkommen, heute ist das Verhältnis noch vier zu eins. Diese Belastung muss zum Zusammenbruch des Rentensystems führen, wenn hier keine einschneidende Korrektur erfolgt.

Welche politischen Folgen solche Verunsicherungen haben können, zeigt sich besonders drastisch in der Inflation. Von ihr sind letztlich alle Menschen betroffen, die nicht über Sachwerte verfügen. Vor allem die Inflation in den 20er-Jahren bewirkte eine grundlegende Erschütterung der Bevölkerung. Es war nicht nur das Geld, das plötzlich nichts mehr wert war. Viele Lebenspläne waren nun hinfällig. Wer vorhatte, sich in einem bestimmten Alter zur Ruhe zu setzen und von dem ersparten Vermögen zu leben, stand vor dem Ruin. Die 90-jährige Mile Braach erinnert sich in ihrer Autobiographie: »Wohl denen, die so wie wir ›Tagesgelder‹

bekamen oder Berufe hatten, in denen sie sich irgendwie helfen konnten. Aber wie war es mit älteren Leuten, die von ihren Zinsen lebten? Jahrzehntelang hatten sie Geld gespart, um ihren Lebensabend zu finanzieren. Und nun? Nehmen wir an, es hatte jemand 60.000 Mark gespart und das Geld zu 5 % angelegt. Dann hatte er jährlich 3.000 Mark. Davon konnte man bis etwa 1920 leben. Während der Inflationszeit wurden dem Konto wie üblich die Zinsen gutgeschrieben, aber sie waren nichts mehr wert. Und als das Geld 10 zu 1 stabilisiert wurde, waren aus den 60.000 Mark 6.000 Mark geworden, der Zinsertrag war auf 300 Mark geschrumpft.

Der Betreffende war zum Wohlfahrtsempfänger geworden, ›Almosenempfänger‹ wäre wohl die bessere Bezeichnung gewesen.

So standen am 21. November 1923 viele vor dem Nichts. Auch wenn jetzt das Glas Bier nur noch 30 Rentenpfennige kostete, konnten sie es sich nicht leisten.«[55]

Jede Verlässlichkeit des Geldes war wie weggeblasen und damit geriet auch der soziale Boden ins Schwanken. Die sozialen Unterschiede zwischen den Menschen waren plötzlich aufgehoben bzw. änderten sich dramatisch. Wer vorher viel Geld hatte, war nun genauso arm wie der Arbeiter vom Kohlenplatz. Der Verlust an Lebenssicherheit war so hoch, der Schock so tief und für fast alle war die Inflation so irrational, dass sie eine kollektive latente Psychose auslöste. Eine solche latente Psychose entsteht immer dann, wenn wir dramatische Lebensereignisse nicht mehr verstehen können, sondern uns nur noch als Opfer eines blinden Schicksals empfinden, dem wir hilflos ausgeliefert sind. Obgleich wir durchaus vernünftig weiterleben, erleidet unsere Seele durch solche traumatischen Erfahrungen einen Riss. Etwas dramatisiert könnte man sagen, dass wir an der Welt verzweifeln, am Schicksal verrückt werden. Damit es aber nicht tatsächlich dazu kommt, brauchen wir ein Ventil.

In den 30er-Jahren betraf dies unter anderem die Juden. Elias Canetti hat eindrucksvoll darauf hingewiesen, dass die Judenverfolgung zumindest ansatzweise nur zu erklären ist, wenn man auch die Verunsicherung der Massen durch die Inflation bedenkt. Denn die Juden seien durch ihre Außenseiterstellung und ihre »Geldberufe« für die Opferrolle wie geschaffen gewesen. Deshalb entwertete man sie ebenso, wie das Geld entwertet wurde, und schließlich waren die Juden so wertlos, dass man sie in großen Mengen vernichtete. »Man ist noch heute fassungslos darüber, daß Deutsche so weit gegangen sind, daß sie ein Verbrechen von solchen Ausmaßen, sei es mitgemacht, sei es geduldet oder übersehen haben. Man hätte sie schwerlich so weit bringen können, wenn sie nicht wenige Jahre zuvor eine Inflation erlebt hätten, bei der die Mark bis auf ein Billionstel ihres Wertes sank. Es ist diese Inflation als Massenphänomen, die von ihnen auf die Juden abgewälzt wurde.«[56]

Selbstverständlich war für die Judenverfolgung nicht die Inflation allein verantwortlich. Judenverfolgungen gab es in Deutschland schon seit Jahrhunderten. Aber die Verunsicherung durch die Inflation war sicherlich ein Glied in der Kette unglückseliger Ereignisse, die am Ende zum systematischen Mord an Millionen von Juden während des Nationalsozialismus führten.

Geld bedeutet Überleben

Für viele Juden war es im Dritten Reich lebenswichtig, Geld zu haben. Und es war oftmals tödlich für sie, arm zu sein. Donna Boundy zitiert ein Gespräch mit einem 55-jährigen Mann, der sie auf die entscheidende Bedeutung des Geldes in seiner Familiengeschichte hinwies: »Ich bin Jude, und während des Krieges mußten sich viele Juden ihre Freiheit erkaufen. Wenn sie genug Geld hatten, konnten sie ihre Familien vor Hitler in Sicherheit bringen. Verfügten sie aber nicht über entsprechende finanzielle Mittel, so war ihnen dieser Weg versperrt.

Meinem Großvater gelang es, seine Familie ins Ausland zu bringen, und ich glaube, mein Vater hat mir immer wieder eindringlich erklärt, daß Geld mit Überleben gleichzusetzen ist. Ich glaube, dies spielt eine große Rolle dabei, wie jüdische Familien im allgemeinen über Geld denken. Geld bedeutet Überleben.«[57]

Geld als Sicherheit

Angesichts der Judenverfolgung kann man sich an die Aussage Sigmund Freuds erinnern, dass die Kultur des Menschen nur eine dünne Schicht sei, auf der wir wandeln. Wir sind auf eine gesicherte finanzielle Basis angewiesen, wenn wir humane Ziele verwirklichen wollen und für eine Weiterentwicklung der Lebenskultur eintreten. Insofern hat Samuel Butler Recht, wenn er meint: »Man stellt oft das Geld in Gegensatz zur Kultur, womit man sagen will, daß einer, der seine Zeit mit Geldverdienen zugebracht hat, ein kulturloser Knilch sei. Weit, sehr weit gefehlt ... Es ist gesagt worden, Geldgier sei die Wurzel allen Übels. Dasselbe läßt sich vom Geldmangel sagen.«[58]

Geld ist eben viel mehr als nur bedrucktes Papier. Es ist für viele Menschen ein Garant für Sicherheit. In Westdeutschland gaben 64 % der Befragten, in Ostdeutschland sogar 72 % die Notfallvorsorge als Hauptmotiv fürs Sparen an. Die Altersvorsorge steht an zweiter Stelle und eine allgemeine größere Sicherheit ist das drittwichtigste Motiv. Bei allen drei Sparmotiven fällt auf, dass der Konsum keine Rolle spielt. In erster Linie geht es um die Absicherung im Notfall, im

Alter und im Alltag. Die meisten Sparer wollen sich also in einer Welt voller Unsicherheiten etwas Sicherheit erkaufen. Eine Inflation muss daher zwangsläufig zu schweren gesellschaftspolitischen Erschütterungen führen. Somit ist Geldmarktstabilität eine höchst politische Angelegenheit. Die Bekämpfung der Inflation ist immer auch eine soziale Aufgabe. Norbert Blüm hat daher einmal treffend gesagt: »Inflation, das ist der Taschendieb der kleinen Leute.«

Armut macht unglücklich

Wer über zu wenig Geld verfügt, wird dies als eine der Ursachen fehlenden Glücks ansehen. Armut kann einen Menschen regelrecht zerstören. »Kein Geld zu haben, vernichtet das Selbstbewusstsein. Ich habe mich oft gefühlt wie eine Bettlerin«, sagte mir eine Frau, die längere Zeit aufs Sozialamt angewiesen war.

Armut ist immer verunsichernd und erniedrigend. Deshalb war auch Charlie Chaplin ziemlich verstimmt, als der englische Schriftsteller Somerset Maugham über ihn schrieb, er mache keinen glücklichen Eindruck. Damals war der berühmte Komiker Chaplin schon sehr vermögend, und Maugham vermutete nun, dieser würde an einer wehmütigen Sehnsucht nach den Slums leiden. Denn die Berühmtheit und »sein Reichtum halten ihn gefangen in einem Leben, das in Wirklichkeit eine Zwangsjacke für ihn ist. Ich glaube, er blickt auf die Freiheit seiner harten Jugend mit all ihrer Armut und ihren Entbehrungen mit Verlangen zurück, das weiß, daß es nie mehr befriedigt werden kann.« Mit großer Empörung reagierte Chaplin auf diese Verklärung der Armut, die er immer als bedrückend empfand: »Mich ärgern diese Versuche, dem Gesprächspartner die Armut als etwas Anziehendes darstellen zu wollen. Ich habe noch keinen Armen kennengelernt, der sich nach der Armut sehnt oder der in ihr die Freiheit zu finden meint.«[59]

Die Armut machte sie verrückt

Chaplin wuchs zunächst in finanziell gesicherten Verhältnissen auf. Seine Mutter arbeitete auf der Bühne, und er erinnerte sich, dass sie göttlich aussah. Den Vater, der ebenfalls auf der Bühne beschäftigt war, erlebte er kaum. Dieser trank ständig, was die Trennung der Eltern bewirkte. Im Alter von 37 Jahren starb er an Alkoholismus.

Als Charlie zwölf Jahre alt war, verschlechterte sich die Stimme seiner Mutter immer mehr. Nachdem wieder einmal ihre Stimme versagte, wurde Charlie auf die Bühne gestellt, um zu singen. Sein Geldbewusstsein war sehr ausgeprägt: »Ich war noch nicht halb zu Ende, da regnete es schon Geld auf die Bühne. Ich hörte sofort auf und verkündete, ich wollte erst das Geld aufsammeln und dann weitersingen. Das rief großes Gelächter hervor.«[60]

Von den ursprünglich drei Zimmern musste die Familie in zwei, dann in eins umziehen. Ihre Habseligkeiten wurden immer weniger. Als der Winter kam, musste Charlie mit einem Paar roter Balletthosen zur Schule gehen, weil er keine Strümpfe mehr hatte. Er wurde deshalb gehänselt. Schließlich wusste die Mutter keinen Ausweg mehr und ging mit ihren Kindern ins Armenhaus. Nachdem sie das Tor des Armenhauses durchschritten hatten, packte Charlie ein wirres Gefühl von Verlassenheit, dann wurden die Kinder von der Mutter getrennt.

Eines Tages spielte er mit seinem Bruder Fußball, als sie von den Schwestern gerufen wurden. Man teilte ihnen mit, dass die Mutter geisteskrank geworden sei. Zwar wurde sie bald darauf aus der Irrenanstalt entlassen, doch sie musste immer wieder eingeliefert werden. Der Arzt sagte ihnen später, es würde lange dauern, bis sie wieder völlig geheilt sei. Die letzten sieben Jahre ihres Lebens konnte sie dann in Behaglichkeit verbringen, umgeben »von Blumen und Sonnenschein und es war ihr vergönnt, ihre beiden erwachsenen Söhne ... mit einem Maß an Reichtum und Berühmtheit überhäuft zu sehen, wie sie es sich nicht erträumt hätte. In seinem Leben erfüllte sich, was ihm eine Wahrsagerin gesagt hatte: ›Ja, Sie werden ein enormes Vermögen erwerben, Sie haben eine Hand, die Geld macht ...‹«[61]

Der Wunsch nach Reichtum

Das Schicksal seiner Mutter hatte Chaplin gelehrt, dass die Sorgen um das Geld verrückt machen können. So war für ihn die Vorstellung vom Glück immer mit Geld verbunden. Fortwährend hatte er als junger Mann neue Pläne, wie er viel Geld verdienen könne. Während einer Tournee plante er beispielsweise eine Schweinezucht aufzubauen. Glücklicherweise las er vorher eine Broschüre darüber. Er war entsetzt, wie man mit Schweinen umgehen musste, und ließ von seinem Plan ab. Als er wieder einmal auf Tournee ging und ununterbrochen fünf Monate lang gearbeitet hatte, beschloss er, sich wenigstens eine Woche lang ein angenehmes Leben zu leisten: »Ich hatte eine erhebliche Summe erspart und wollte mir nun in schierer Verzweiflung etwas besonders Gutes antun. Warum auch nicht? Ich hatte lange genug bescheiden gelebt und würde wieder bescheiden leben, wenn ich keine Arbeit fände. Warum sollte ich mir jetzt nicht das Vergnügen machen, etwas Geld auszugeben ...

Ich nahm mir im Hotel Astor ein Zimmer, und das war damals eine große Sache. Ich trug meinen eleganten Cut, eine Melone und einen Spazierstock und selbstverständlich meinen

kleinen Koffer. Die Pracht der Hotelhalle und das Selbst-
vertrauen der Menschen, die sich dort ergingen, ließen mich
etwas zittern, als ich mein Zimmer bestellte. Es kostete vier
Dollar fünfzig am Tage. Ich fragte schüchtern, ob ich im
voraus bezahlen solle. Der Empfangschef war sehr höflich
und versicherte: ›O nein, Sir, das ist nicht erforderlich‹.

Das Durchqueren der Halle mit all der Vergoldung und
dem Plüsch rührte meine Empfindungen auf, und als ich
mein Zimmer erreichte, war mir zum Weinen zumute. Ich
blieb mehr als eine Stunde darin, untersuchte das Badezim-
mer mit den aufwendigen Wasserkünsten und prüfte das
reichlich strömende heiße und kalte Wasser. Wie großartig
und beruhigend ist doch der Luxus!

Ich badete, kämmte mir die Haare und legte meinen neuen
Morgenrock an in der Absicht, jedes Gramm Luxus zu genießen, das meine vier Dollar fünfzig mir verschaffen konnten.«[62]

Ist Liebe käuflich?

Gesundheit und innerer Reichtum waren für Schopenhauer der Garant für das Lebensglück. Doch dabei hat
der missmutige Philosoph die Liebe vergessen. Die Ursache
für diese Missachtung der Liebe ist einfach: Schopenhauer
hatte eine sehr schwierige Beziehung zu seiner Mutter, die
ihn schließlich enterbte. Und auch sein Verhältnis zu anderen
Frauen war nicht ungetrübt. Seine Nachbarin hatte er dermaßen unsanft zur Stubentür hinausgeworfen, dass er dafür
wegen Körperverletzung lebenslang zahlen musste. So war
die Einstellung Schopenhauers zu Frauen sowohl von Schwierigkeiten als auch vom Geld geprägt.

Doch viele andere Persönlichkeiten haben in der Liebe
den entscheidenden Schlüssel zum Lebensglück gesehen. Wie
groß beispielsweise Goethe die Liebe einschätzte, lässt sich
aus seinen Worten ermessen: »Durch ein paar Züge aus dem
Becher der Liebe hält uns die Natur für ein Leben voll Mühe
schadlos.«

Ein unmoralisches Angebot

Ist die Liebe also das eigentliche Geheimnis für das Lebensglück? Wir alle wissen doch, wie schwierig das Thema Liebe ist. Was also wäre, wenn uns das Geld dabei helfen könnte? Was wäre, wenn man sich sogar die Liebe kaufen könnte? Zum Beispiel eine erotische Nacht mit einer schönen, aufregenden Frau wie im Film *Ein unmoralisches Angebot?*

Dieser Film handelt von einem jungen Ehepaar, das sehr verliebt ist und gegen den Willen der Eltern heiratet. Er studiert Architektur und plant sein Traumhaus, sie ist als Maklerin tätig. Doch dann kommt die Rezession, sie verkauft keine Häuser mehr, er wird entlassen. Und sie bekommen Angst, denn sie können die Hypothekenzahlungen für ihr Grundstück nicht aufbringen. »Mach, dass es aufhört«, fleht sie ihn eines Tages an. Daraufhin borgt er sich 5.000 Dollar, aber sie brauchen 50.000. Und so kommen sie auf die Idee, das fehlende Geld in der Spielbank zu gewinnen. Zwar haben sie zunächst Glück, doch dann verlieren sie alles. Und in dieser verzweifelten Lage treffen sie einen Milliardär, der die junge Frau als Glücksbringerin an seinen Tisch holt und gewinnt. Es kommt zu einem Gespräch über die Frage, ob man sich auch Liebe kaufen könne. Als das Ehepaar dies bestreitet, macht er ihnen ein Angebot. Er will eine Million Dollar zahlen für eine Nacht mit dieser hübschen Frau. Zunächst lehnen sie entschieden ab, willigen dann aber doch ein …

Nun sind sie um eine Million reicher. Doch sie zahlen dafür einen hohen Preis: Die Ehe zerbricht. Denn nach dieser Nacht ist der Ehemann so eifersüchtig und cholerisch, dass sie schließlich zum Milliardär zieht. Aber als sie sich eines Tages auf einer Wohltätigkeitsveranstaltung »vergnügt«, taucht plötzlich ihr Mann auf und will mit ihr reden. Er erklärt ihr, dass er nach dieser Nacht immer Angst hatte, dass sie den Milliardär mehr lieben würde. Er gibt sie frei und will sich scheiden lassen. Doch der Milliardär spürt, dass ihn diese Frau nie so lieben wird wie ihren Mann. Daraufhin sagt er ihr, das Ganze sei für ihn nur ein Spiel gewesen. Und sie entscheidet sich wieder für ihren Mann.

Zwar ist er finanziell ärmer, aber innerlich reicher als der Milliardär. Er hat einen Lebenstraum, war als Architekturstudent der Beste seines Jahrgangs, hat Preise gewonnen. Und er unterrichtet und fasziniert seine Studenten, indem er ihnen sagt: »Wirklich große Architektur kann nur aus Ihrer Leidenschaft heraus entstehen.« Menschliche Genies könnten den menschlichen Geist beflügeln und ihn an einen höheren Ort befördern. Selbst ein Backstein, ein ganz gewöhnlicher Backstein würde etwas bedeuten wollen, habe Ambitionen. Er wolle etwas Besseres werden und das sollten wir auch versuchen.

Zu diesem begeisterungsfähigen Mann kehrt sie zurück, nachdem sie vorübergehend der Faszination des Geldes erlegen war.

Die romantische Liebe

Geld allein ist auf Dauer für das Liebesglück nicht ausreichend. Doch diese Erkenntnis beruht auf dem Anspruch, dass die Verbindung zwischen Mann und Frau Glück bringen soll. Tatsächlich ist diese Überzeugung noch nicht so alt. Die Vorstellung der Liebesheirat gibt es erst seit etwa 150 Jahren. Vorher wurden die Ehepartner durch die Eltern bestimmt und es waren vor allem Vermögensaspekte oder praktische Erwägungen entscheidend. Doch der Faktor Geld spielt bei der Partnerwahl noch heute oft eine nicht zu unterschätzende Rolle. Das Durchschnittseinkommen der Männer ist immer noch wesentlich höher als das der Frauen. Jede zweite Frau im erwerbsfähigen Alter in der Bundesrepublik Deutschland ist Hausfrau und verfügt über kein nennenswertes Einkommen. Und die Rente der Frauen ist erheblich geringer als die der Männer: 1989 bekamen Männer durchschnittlich 1.569 DM Rente, Frauen nur 660 DM, in der Arbeiterrentenversicherung sogar nur 515 DM. *Die Armut ist weiblich* heißt deshalb auch der Titel eines Buches von Ruth Köppen. Denn zwei Drittel aller Armen in der Welt sind Frauen, hat der Bischof von Limburg kürzlich festgestellt.

In Bezug auf die Partnerwahl hat eine amerikanische Studie zwar ergeben, dass Charaktereigenschaften wie Ehrlichkeit, Zuverlässigkeit und gutes Aussehen bei den meisten Frauen höher im Kurs stehen als eine prall gefüllte Brieftasche. Aber andere Studien ergaben auch, dass bei Frauen der finanzielle Hintergrund ihres Partners eine doppelt so große Rolle spielt wie bei Männern.[63] Solange Frauen vorrangig für die Kindererziehung und den Haushalt zuständig und damit auf die finanzielle »Potenz« der Männer angewiesen sind, ist dies auch verständlich. Und es kann durchaus die Attraktivität eines Mannes mindern, wenn er zu wenig verdient. Eine Kollegin, die sich ein Kind wünscht, erzählte mir vor kurzem: »Ich möchte heiraten und eine Familie gründen, aber mit meinem Partner geht das nicht. Er verdient zu wenig, das haut nicht hin. Mit ihm kann ich meine Lebenswünsche nicht verwirklichen.«

Der Lebensstandard

Wenn man jung und verliebt ist, glaubt man oft, das Geld vernachlässigen zu können. Doch bei vielen Menschen ist es schnell mit den Gefühlen vorbei, wenn sie sich zu sehr einschränken müssen. Bei vielen erlöschen die Liebesgefühle, wenn sie mit einer kleinen Wohnung mit Ofenheizung und kalter Dusche vorlieb nehmen müssen. Im Roman *Kameliendame* von Alexandre Dumas sagt deshalb eine Kammerdienerin zu einem jungen, armen Mann: »Sie glauben wohl, es werde genügen, sich zu lieben und auf dem Lande ein idyllisches und luftiggleiches Leben zu führen? Nein, mein Freund, nein. Neben den Idealen gibt es auch noch das Materielle, und selbst die hehrsten Entschlüsse sind durch lächerliche, doch eisenstarke Bande an die Erde gefesselt, und die schlägt man nicht so leicht entzwei.«[64]

Mehrfacher Millionär sucht

Während meiner Interviews sagte mir eine junge Lehrerin: »Ich will einen Mann, der mir einen hohen Lebensstandard bietet. Ich will verreisen, gut essen gehen, mich schick kleiden. Das muss mir ein Mann schon bieten. Sonst ist er für mich nicht akzeptabel.« Wer solche Ansprüche hat, ist durchaus bereit, bei den charakterlichen Fähigkeiten großzügiger zu sein.

Wie stark das Lockmittel des Luxus und des Geldes wirkt, hat auch der Schriftsteller Benno Kroll erfahren. Er wollte herausfinden, welcher Typ Frau darauf aus ist, sich einen Millionär zu angeln, und gab eine Anzeige auf:

»*Mehrfacher Millionär*, nach langjährigem Auslandsaufenthalt soeben in die Bundesrepublik zurückgekehrt, will sich in München niederlassen und sucht für sein letztes Lebensdrittel eine zärtliche, nicht unromantische Frau. Er ist 56, 1.80, grau meliert, schlank, sportlich, nachdenklich, kulturell interessiert, von liberaler Gesinnung und heiterer Wesensart, im übrigen ein Mann, der die Frauen kennt und ihre Schwächen liebt. Vor allem aber ist er ein Ästhet. Deshalb möchte er eine wirklich attraktive Frau kennenlernen, die zudem emanzipiert und genußfähig ist ... «

Auf diese Anzeige meldeten sich über 100 Frauen, darunter 22 Akademikerinnen, sieben Geschäftsinhaberinnen und fünf Malerinnen. Drei Frauen waren von Adel. Für einige Tage mietete er sich dann im Münchner Hotel »Vier Jahreszeiten« eine Suite (Kostenpunkt: DM 1.350 pro Nacht) und eine hübsche Sekretärin. Er machte die Erfahrung, dass die Frauen meist sehr eigenständig, interessant und mitunter »zu allem bereit« waren, um bei diesem »Millionär« zu landen.

Wollen Frauen gerettet werden?

Für viele Frauen ist nicht nur der Lebenskomfort attraktiv, den ihnen ein reicher Mann bietet. Es ist vor allem die Sicherheit – denn Geld beruhigt. Die amerikanische Autorin Colette Dowling stellt fest, dass viele Frauen heute zwar wesentlich selbständiger sind als früher und trotzdem letzten Endes auf den »Retter« warten: »Wir studieren, arbeiten, reisen ... Aber bei alldem haben wir im Innern das Gefühl, daß dies nur ein *vorübergehender Zustand* ist. Du mußt nur durchhalten ... und eines Tages kommt der Mann und befreit Dich aus der Angst.«[65] Schon Simone de Beauvoir wies darauf hin, dass Frauen oft eine untergeordnete Rolle akzeptieren, »um den Anstrengungen aus dem Weg zu gehen, die mit der Gestaltung eines authentischen Lebens verbunden sind.«

Trotz aller Emanzipation taucht bei vielen Frauen immer wieder der Wunsch auf, die anstrengende Freiheit aufzugeben, sich anzukuscheln und den eigenen Hilflosigkeitsgefühlen nachzugeben. Diese Rettungsphantasien sind eines der größten Tabuthemen heutiger Frauen. Auch Dowling stellt daher fest: »Wir wuchsen mit der Vorstellung auf, von einem Mann abhängig zu sein und uns ohne Mann nackt zu fühlen und uns zu fürchten. Man brachte uns bei, daß eine Frau allein in der Welt nicht bestehen kann; man sagte uns, sie sei zu zerbrechlich, zu zart und schutzbedürftig. Heute, in unserer aufgeklärten Zeit, verlangt unser Intellekt von uns, daß wir auf eigenen Füßen stehen; aber das unbewältigte emotionale Erbe zieht uns nach unten. Während wir uns danach sehnen, ungebunden und frei zu sein, sehnen wir uns gleichzeitig danach, umsorgt zu werden.«[66]

Mich hat es bei meinen Untersuchungen sehr verwundert, dass nicht nur hilflos wirkende Frauen solche »Rettungswünsche« hatten. Gerade auch sehr aktive Frauen, die es gewohnt sind, im Leben »ihre Frau zu stehen«, kennen solche Rettungsträume. Als in den letzten Jahren im Gesundheitswesen die finanzielle Lage immer schwieriger wurde, sagten mir einige Kolleginnen unumwunden: »Wenn's ganz schwierig wird, dann heiraten wir.« Ich war in den letzten Monaten bei einigen Hochzeitsfeiern ...

Und als ich eine junge Ärztin auf das Thema Geld und Liebe ansprach, sagte sie mir: »Wenn ich einen nur halbwegs akzeptablen reichen Mann heiraten könnte – sofort. Die Unsicherheit wird immer größer. Ich krieg immer nur einen Jahresvertrag. Das zermürbt einen doch. Da studiert man nun, macht seinen Doktor und was ist: Ich will heiraten wie meine Mutter!«

Die erotische Macht

Geld ist ein Angstbändiger, stellt auch der Soziologieprofessor Schuller in einem Artikel über Geld und Millionäre fest: »Wer Angst vorm Leben hat, aber Geld, hat weniger Angst vorm Leben. Jemandem zu begegnen, der Geld hat, nimmt die Angst. Plötzlich kann man in die Zukunft planen. Das ist unwiderstehlich für Frauen.« Doch reiche Männer bieten den Frauen noch mehr, nämlich Macht. Deshalb ist Schuller überzeugt, dass ein reicher Mann auch eine starke Ausstrahlung besitzt. Vor allem jene Männer wie Onassis oder Trump hätten etwas Imperiales: »Und das macht die Erotik aus. Da mag ein Millionär grobschlächtig sein, simpel, ohne Manieren, er ist dennoch ein Imperator. (Männer) ... reagieren stärker auf körperliche Signale, Frauen mehr auf Macht-Signale. Wenn im Dschungel Macht durch Muskeln bewiesen wurde (Tarzan schwingt von Baum zu Baum), dann drückt sich das heute in der Macht über andere Menschen, ein Bankkonto, bestimmte Institutionen aus. Man muß begreifen, daß wir in keiner natürlichen Welt mehr leben, sondern in einer hochkünstlichen, ihr Medium ist Geld. Geld ist Ausdruck von Macht in dieser Welt. Deshalb gehört die Wahrnehmung, daß einer Macht über andere hat, für eine Frau ganz wesentlich dazu, um einen Mann höher einzuschätzen.«[67]

Die Ehe zwischen Onassis und Kennedy

Ein besonders eindrucksvolles Beispiel für eine von Sicherheitsstreben und Gelderotik geprägte Ehe war die zwischen Jacqueline Kennedy und Aristoteles Onassis. Nachdem Robert Kennedy, Präsidentschaftskandidat und jüngerer Bruder des ermordeten US-Präsidenten John F. Kennedy, 1968 erschossen wurde, flehte Jacky den griechischen Reeder an: »Hol meine Kinder und mich raus aus diesem Land, sie töten alle Kennedys.« Noch im selben Jahr heiratete sie den 23 Jahre älteren Onassis. In der empörten US-Presse war damals zu lesen, sie würde einen Blankoscheck heiraten. Das war sicher nicht ganz falsch. Aber sie suchte auch einen Beschützer. Und wer war besser dazu geeignet als dieser Mann, der über eine eigene Insel verfügte, eine eigene Flotte, eine Fluglinie, eine ganze ›Armee‹ von Bodyguards? Dieser Mann war ein Kämpfer, der mitunter rücksichtslos seine Millionen verdient hatte. Er war alles andere als ein ängstlicher Mann, und gerade dies war sicher auch ein Grund, warum ihn Jacky heiratete.

Der Ehevertrag

Allerdings ist Onassis auch ein eindrucksvolles Beispiel dafür, dass man sich zwar Sicherheit und Luxus, aber keine Liebe und Zuneigung kaufen kann. Als der Millionär schon sehr krank und an ein Dialysegerät angeschlossen war, flog Jacky trotzdem nach New York, nachdem man von einer langsamen Besserung seines Zustandes sprach. Unerwartet starb jedoch Onassis, und es war seine Tochter, die jene letzten Tage mit ihm verbrachte. Die Familie Onassis soll es Jacky nicht verziehen haben, dass sie 3.000 Meilen weit weg war, als ihr Mann starb.

Doch es war eben vor allem eine Geldheirat. In einem Ehekontrakt soll festgelegt worden sein, dass Jacky 30.000 Dollar Taschengeld im Monat bekam. Dafür soll sie sich nur bereit erklärt haben, die katholischen Feiertage und die Sommerferien mit »Ari« zu verbringen. Für den Rest des Jahres konnte sie allein verreisen, ihre Freunde und die Familie besuchen, ohne ihren Mann um Erlaubnis zu fragen.

Welch große Rolle das Geld in dieser Ehe spielte, zeigte sich schon vor der Beerdigung dieses einsamen Mannes. Als sich die Wagenkolonne dem Friedhof näherte, hielt plötzlich der Wagen an, in dem Jacky und Ted Kennedy saßen. Onassis' Tochter stieg empört aus. Denn Ted Kennedy hatte den Versuch unternommen, noch vor der Beerdigung mit ihr über finanzielle Angelegenheiten zu reden.

Das Märchenglück

Reiche Männer können sich nicht nur hübsche Frauen aussuchen. Sie können sich vor allem auch sehr junge Frauen »leisten«. Denn oft ist es das Geld und der Reichtum, das auf die manchmal sehr jungen Damen so anziehend wirkt. Die *Bunte* berichtete kürzlich von der »Traumehe« zwischen dem Milliardär Flick und seiner 32 Jahre jüngeren Frau, die früher einmal 2.000 DM brutto verdiente. Heute sei ihr Leben wie ein Märchen, schreibt die *Bunte*. »Per Helikopter, Privatjet fliegt sie von Residenz zu Residenz – Steiermark, Bahamas, München, Butler, ein eigener Golflehrer. Die First Lady der Society. Weil alle Menschen Märchen lieben, ist Ingrid Flick sehr, sehr beliebt.«

Doch unkompliziert sind Ehen zwischen einem reichen, älteren Mann und einer jungen Frau auf Dauer nur selten. Das musste auch der Vater des Philosophen Arthur Schopenhauer erfahren, nachdem er eine fast 20 Jahre jüngere Frau geheiratet hatte. Diese suchte in der Ehe vor allem ein durch Reichtum geprägtes, abwechslungsreiches Leben. Ihr reiselustiger Mann konnte zwar zunächst ihre »Vergnügungssehnsucht« befriedigen. Doch Arbeit und Alter führten schließlich bei dem über 50-jährigen Kaufmann zu einem stärkeren Ruhebedürfnis. Er erkrankte, grübelte viel über sich und das Geschäft nach, während seine Frau feiern wollte. Sein Sohn Arthur urteilte später über die Ehe: »Meine Frau Mutter gab Gesellschaften, während er in Einsamkeit verging, und amüsierte sich, während er bittere Qualen litt. Das ist Weiberliebe.«[68]

Hochzeit mit 89

Es ist ein seltener Glücksfall, wenn man zugleich die Liebe und das Geld findet. Fast immer zahlt einen hohen Preis, wer zu sehr nach dem Geld schielt und zu wenig auf die Charaktereigenschaften der »besseren Hälfte« achtet. Als ich bei Interviews danach fragte, ob man einen reichen Partner bevorzugen würde, bekam ich folgende Antworten:

Ein 50-jähriger Handwerker: »Mein Bruder hat eine reiche Frau geheiratet, sie wird eines Tages viele Millionen bekommen. Doch sie ist zickig, sie lässt es ihn spüren, dass sie die Überlegene ist. Natürlich haben sie Gütertrennung vereinbart. Irgendwie ist er nur geduldet. Jedenfalls ist er sehr von ihr abhängig und zieht manchmal regelrecht den Schwanz ein. Für mich ist er ein armes Würstchen.«

Ein 48-jähriger Ingenieur: »Ich würde nur eine mit 89 und viel Geld heiraten – und sie dann beerben.«

In dem alten Gedicht »Wer nur der Mitgift wegen wählt« heißt es daher sinngemäß:

> *Denn Gift bleibt Gift*
> *von welcher Art es sei*
> *und solche Hochzeit nennt*
> *man dann Giftmischerei*

Für jeden Tag eine Million

Zwischen einer »normalen« Ehe und einer Ehe mit einem reichen, alten Mann gibt es einen großen Unterschied: In vielen solcher Ehen ist mit dem Tod des Ehemanns auch eine durchaus angenehme Seite verbunden. Denn erst dann können die Ehefrauen frei über ein erhebliches Vermögen verfügen. Von solchen Erwägungen war wohl auch das amerikanische Fotomodell Anna Nicole Smith erfüllt, die im Alter von 27 Jahren den Tod ihres superreichen 90-jährigen Mannes »betrauerte«. Sie war ein Jahr lang mit J. Howard Marshall verheiratet, der bei der Trauung von Krankenschwestern im Rollstuhl zum Altar geschoben wurde und ein Vermögen von 820 Millionen Mark in die Ehe einbrachte. Selbst wenn fast jeder glaubte, dass die beiden nur zweierlei verband – ihre Rundungen und seine Millionen –, betonte das ehemalige Playboy-Nacktmodell in Interviews immer wieder seine große Liebe zu dem 63 Jahre älteren Millionär. »Ich will Leidenschaft, ich will ein Baby«, stellte sie fest und beteuerte, sie sei stets ihren ehelichen Pflichten nachgekommen.[69]

Nach dem Tod Marshalls ist der Kampf um die Millionen entbrannt. Der Sohn des Millionärs ließ seinen Vater schon Monate zuvor entmündigen. Dennoch will die junge Witwe Geld sehen und fordert 410 Millionen für ein Jahr Ehe mit dem Greis. Über eine Million pro Tag will sie dafür bekommen, dass sie so etwas wie eine erotische Krankenschwester war. Vorerst muss sie sich mit 70.000 Mark Unterhalt monatlich zufrieden geben, weil der Sohn alle Konten gesperrt hat.

Trennungsstreitigkeiten

Nun muss eine Frau nicht immer warten, bis ihr reicher Ehemann stirbt. Auch bei einer Trennung zeigt sich, welche Vorteile es hat, einen reichen Mann geheiratet zu haben. Nur dann bekommt man so viel Geld wie beispielsweise die Ehefrau von Donald Trump. Der Millionär hatte sie in einer Nachtbar kennen gelernt, in der sie als Aushilfskellnerin jobbte. Bei der Scheidung kämpfte sie wie eine Löwin und bekam 25 Millionen Dollar in bar, ein 47-Zimmer-Haus, ein Penthouse in New York, Juwelen und Aktien.

Bei Ehetrennungen setzt sich oft der Partnerschaftsstreit über erbitterte Geldauseinandersetzungen fort. Sie will sich für Demütigungen rächen, der Mann soll dafür bezahlen, dass er nun mit einer (noch) jüngeren Frau zusammen ist. Und er flucht und versucht alles, um ihr die zustehenden Zahlungen zu verweigern. Vor einigen Monaten erzählte mir ein Bekannter, dessen Frau sich von ihm getrennt hatte: »Ich werde dafür sorgen, dass sie keinen Pfennig bekommt. Notfalls wandere ich aus. Mein Geld abzocken und dann mit dem anderen schlafen ... Nicht mit mir. Dann werde ich eben Freiberufler und mein Einkommen geht immer gegen null.« Und eine Frau, die von ihrem Mann verlassen wurde, drohte: »Das soll er mir büßen. Ich will Geld sehen. Das ist meine Rache dafür, dass er mich wegen einer jungen Frau sitzen gelassen hat. Der soll bluten. Das Geld ist mir nicht so wichtig. Ich käme auch so durch. Aber es ist Schadensersatz für seine seelische Grausamkeit. Ich werde rausholen, was ich nur kann.«

Ich habe eine Eigentumswohnung ...

Die Verbindung Geld und Liebe ist immer mit dem Beigeschmack von Berechnung verbunden. Und vielleicht spielt das Geld umso mehr eine Rolle, wenn der Glanz der Liebe verblasst. Wenn wir etwas ernüchtert oder sogar resigniert sind und nun wenigstens finanziell nicht enttäuscht werden wollen. Wenn wir selbst unserer eigenen Leidenschaft und Ausstrahlung nicht mehr vertrauen können. Wenn die erotische Kraft versagt, die Krankheiten zunehmen. Dann glauben manche Männer, sie müssten den Frauen mit Geld imponieren. Nicht wenige Männer jenseits der Lebensmitte wenden sich dann jüngeren, lebendigeren Frauen zu. Durch sie wollen sie den Jungbrunnen der Jugend finden. Eine

43-jährige Kollegin erlebte dies vor kurzem bei den Lindauer Therapiewochen am Bodensee. Mehrere ältere Männer sprachen sie auf sympathische Weise an und teilten ihr unumwunden mit, sie wären nicht unvermögend und würden beispielsweise über eine große Eigentumswohnung verfügen. Die Kollegin war sehr erstaunt, dass sie mittlerweile in den Einzugsbereich dieser Rentner gekommen war. Die Aussicht, mit diesen durchaus charmanten Männern in einer Eigentumswohnung zu leben, war für sie allerdings nicht sehr verlockend, sondern höchstens amüsant.

Die Suche nach einem Millionär

Es ist wohl typisch für Amerika, dass es dort mittlerweile sogar Kurse gibt, in denen man lernen kann, sich einen Millionär zu angeln. Am wichtigsten sei dabei – so die Kursleiterin Ginie – der brennende, unstillbare Wunsch nach Geld. »Diese Sehnsucht wird immer wieder neu entfacht, indem wir regelmäßig bei Cartier reinschauen, Armani-Kostüme anprobieren und 1000-Dollar-Busties streicheln. Wer sich derartiges auch vom eigenen Gehaltsscheck leisten kann, bestaunt vielleicht ein paar Yachten in Monte Carlo oder Villen in Marbella ...«[70]

Nach solchen Übungen ist einem jeder Millionär bzw. jede Millionärin recht. (An den Kursen nehmen Frauen *und* Männer teil!) Denn man darf nicht überzogen anspruchsvoll sein, wenn man das Geld liebt. Doch wo trifft man einen Millionär? Diese Betuchten bleiben meist unter sich und schotten sich ab. »Also muß man zu Vernissagen, Kunstauktionen, Opern- und Theaterpremieren sowie Golfturnieren gehen. Auch ein Jobwechsel ist naheliegend: Werden Sie Hosteß, Stewardeß in Firmenflugzeugen oder veranstalten Sie Public Relations Aktionen für große Museen oder Benefizveranstaltungen.

Und vorzüglich eignet sich auch der Journalismus: ein Anruf und man ist in den obersten Vorstandsetagen. Hat man schließlich einen Millionär kennengelernt, darf man nicht langweilig sein. Man muß Dramen inszenieren, ihn eifersüchtig machen und in Maßen störrisch und eigensinnig sein. Daß er verwöhnt wird, ist er schließlich gewöhnt.«

Geld und Emanzipation

Wir zahlen für alles im Leben einen Preis, und auch einen reichen Mann bekommt man nicht geschenkt. Mit Recht haben viele Frauen in den letzten Jahrzehnten erkannt, dass die Verfügungsberechtigung über Geld immer auch eine Machtfrage ist. Indem die Männer in den vergangenen Jahrhunderten häufig allein das Geld verdienten, erlangten sie eine Übermacht in der Ehe. Nirgends waren die patriarchalischen Rollenmuster so deutlich ausgeprägt wie beim Geld. Frauen wurden oft dahin gehend degradiert, dass sie – wie Kinder – ein Taschengeld erhielten und über die finanziellen Einkünfte des Mannes keine Auskunft erhielten. Insofern war es ganz entscheidend für die Emanzipation der Frauen, dass sie die Möglichkeit erhielten, ihr eigenes Geld zu verdienen, auch wenn dies sehr häufig zu Familienkonflikten führte. »Ich will nicht, dass meine Frau arbeitet«, war noch vor 20 Jahren die gängige Meinung vieler Männer. Mitunter hört man dies auch heute noch. Diese Einstellung der Männer mag erstaunen, denn sie tritt auch dort auf, wo das Geld knapp und die Mitarbeit der Frauen absolut notwendig ist. Doch hier spielt eine Rolle, dass eine Ehefrau, die ihr eigenes Geld verdient, selbstbewusster, eigenständiger ist. Das spiegelt sich auch in den Trennungsziffern: Über 70 % aller Trennungen gehen mittlerweile von Frauen aus. Da sie selbst meist über so viel Geld verfügen, dass sie notfalls davon leben können, fragen sich viele, was sie eigentlich mit einem Mann sollen, der zwar viel Geld verdient, aber ansonsten wenig in die Ehe einbringt.

Noch schwieriger wird es, wenn die Frau mehr Geld als ihr Ehemann verdient. Für viele Männer ist es mit ihrem Verständnis von Männlichkeit nicht zu vereinbaren, dass sie weniger zum gemeinsamen Lebensunterhalt beitragen. Häufig geraten sie in schwere Krisen, wenn sie selbst arbeitslos werden und ihre Frau plötzlich zur Ernährerin der Familie wird.

Bildhübsche Millionenerbin sucht ...

Welche Bedeutung das Geld bei der Partnerwahl immer noch spielt, zeigen vor allem die Anzeigen der Eheinstitute. In ihnen ist immer wieder vordringlich von Geld die Rede. Eine amerikanische Studie aus den 80er-Jahren ergab, dass die weiblichen Inserenten über zehnmal so häufig wie die männlichen nach einem finanziell potenten Partner Ausschau halten. In Deutschland ist das Geldverhältnis zwischen Männern und Frauen ausgeglichener. Bei einer neueren Auswertung des Heiratsmarktes Berliner und Brandenburger Zeitungen habe ich festgestellt, dass etwa gleich viel Frauen wie Männer das Thema Geld in ihren Anzeigen erwähnen. Während die Frauen allerdings oft sehr direkt darauf hinweisen, dass sie sich einen finanziell unabhängigen Partner wünschen, betonen die meisten Männer, dass sie einen attraktiven Beruf ausüben. Sie suggerieren auf diese Weise ein hohes Einkommen. Ärzte, Rechtsanwälte oder auch tüchtige Handwerker suchen auf diesem Wege eine zumeist jüngere Frau. Doch vor allem ältere Männer werben auch mit dem Hinweis, dass sie finanziell abgesichert sind. Typisch ist daher folgende Anzeige:

»Eberhard, 60 J., ehemaliger Verwaltungsangestellter, jetzt Pensionär, ein lieber, zärtlicher, vitaler und gutaussehender Mann, der absolut nichts ›Opa-Typisches‹ an sich hat, wenn man die einzelnen grauen Strähnen inmitten seiner Haarpracht galant übersieht. Er hat viel Herz und Humor, ist reiselustig, finanziell gesichert, handwerklich begabt, mag Gartenarbeit und sucht hierdurch eine liebevolle Frau für eine harmonische Partnerschaft.«

Vor allem auf dem Lande weisen allerdings auch Frauen unverblümt auf ihre gute finanzielle Situation hin. Im *Märkischen Markt* vom 12./13. April 1995 waren folgende Beispiele zu lesen:

»Welcher liebe Mann bis 68 J. möchte dafür sorgen, daß es Irmgard, 56 J., verwitwet, attraktiv, finanziell gesichert u. nicht ortsgebunden, wieder warm ums Herz wird? Den diesjährigen Frühjahrsputz hat sie auch schon hinter sich gebracht, so daß sie sich für dich ... sehr viel Zeit nehmen kann u. möchte.«

»Ein 23-jähriges Mädel ruft nach dir. Mein Name ist Ute und ich bin sehr einsam. Ausgehen ist nicht meine Stärke und so suche ich dich auf diesem Wege. Ich bin sehr hübsch und anschmiegsam und habe mir auch schon etwas gespart.«

Doch selbst im renommierten *Berliner Tagesspiegel* fand ich am 14. Mai 1995 folgende Anzeige:

»Bildhübsche junge Witwe, 28/172, aus wirklich erstkl. Unternehmerfamilie (Mio-Erbin) mit zärtlichem Lachen, blonden Locken und sehr schönen, ausdrucksvollen Augen, schlank, sportlich, unternehmungslustig, fantasievoll, von Jeans bis Abendkleid absolut parkettsicher ... Eine Frau, die das Träumen noch nicht verlernt hat.«

Die Suche nach der reichen Frau

Wenn eine junge Frau einen reichen Mann sucht, erntet sie oftmals spöttische Kommentare. Doch wenn umgekehrt ein armer Mann eine reiche Frau findet, wird dies häufig als tolle Leistung gewürdigt. Diese unterschiedliche Einschätzung erscheint zwar ungerecht, dennoch hat diese Beurteilung in vielen Fällen einen realen Kern: Wenn Frauen einen reichen Mann wählen, sind sie häufig durchaus bereit, sich ihm anzupassen. Sie wissen, dass sie sich ihm bisweilen unterordnen müssen, denn – wie schon erwähnt – wer das Geld hat, hat die Macht. Doch wenn ein Mann eine reiche Frau heiratet, will er oft von ihrem Vermögen profitieren und trotzdem die Macht ausüben.

In entsprechenden Kinofilmen ist häufig die Begegnung eines jungen Mannes mit einer bildhübschen, etwas schüchternen Sekretärin zu sehen. Später stellt sich dann heraus, dass diese die Tochter eines schwerreichen Millionärs ist. Er heiratet sie, wird Juniorchef und übernimmt eines Tages das Unternehmen. Das mag Kinokitsch sein, der die Träume mancher Männer widerspiegelt. Doch tatsächlich gibt es in unserer Kultur durchaus Männer, die bewusst eine reiche Frau suchen. Im günstigen Falle sind sie Maler, Musiker, Schriftsteller, Philosophen oder Entdecker und haben eine große Idee. Manchmal sind sie auch weltfremde, verwöhnte Spinner. Jedenfalls fehlt ihnen das nötige Geld und deshalb suchen sie eine Frau mit Geld. Diese soll gewissermaßen die finanzielle Grundlage für die Verwirklichung der männlichen Lebensträume bieten.

Die schwierige Suche ...

Allerdings ist es auch für Männer nicht so leicht, eine vermögende Frau zu finden. Das musste zum Beispiel Friedrich Nietzsche erleben, der bei seiner Suche nach einer reichen Frau ohne Erfolg blieb. Als er seine Lehrtätigkeit als Professor aufgab, baten ihn seine Verwandten dringend, er solle sich eine gut situierte Dame suchen und sie heiraten. Sicher würde sich dann auch seine angeschlagene Gesundheit bessern, wenn er ein eigenes Heim hätte und nicht arbeiten müsste.

Nietzsche ging durchaus auf diese Vorschläge ein und schrieb seiner Schwester, er hoffe, dass der Plan gelingt, nämlich »... die Verheiratung mit einer zu mir passenden, aber notwendig vermögenden Frau ... Mit dieser würde ich dann die nächsten Jahre in Rom leben ... In diesem Sommer soll nun das Projekt gefördert werden, in der Schweiz, so daß ich im Herbst verheiratet nach Basel käme ... In alter Brüderlichkeit, Dein Fritz.«

Aktiv nahm Nietzsches Schwester an dem Brautsuchspiel teil, indem sie Listen heiratsfähiger Damen zusammenstellte, die sich der Bruder ansehen sollte. Sie selbst hatte sich bereits für die Tochter eines reichen Bankiers entschieden und riet daher ihrem Bruder: »Also wenn Du nun im Juli Fräulein K. näher kennenlernst, so wirst Du Dich vielleicht verloben und im Herbst heiraten.« Doch aus alldem wurde nichts, Fritz kehrte allein nach Basel zurück.[71]

Balzac und Gräfin Hanska

Wesentlich aktiver und auch erfolgreicher bei der Suche nach einer reichen Frau war der französische Schriftsteller Honoré de Balzac. Er war regelrecht besessen von der Idee, eine reiche Ehefrau zu finden. Das ist verständlich, denn er lebte so sehr über seine Verhältnisse, dass häufig Gläubiger vor seiner Tür standen und ihn pfänden wollten. Und da er nicht in der Lage war, seine finanziellen Lebensgewohnheiten zu ändern, dachte er immer wieder daran, eine reiche Witwe zu heiraten, um endlich seine Finanzen zu ordnen. Zwar schrieb er – nachdem erneut ein Werbefeldzug gescheitert war –, er dürfe sein Leben nicht an einen Weiberrock hängen und müsse seine Blicke höher erheben als bis zu ihrer »Gürtellinie«. Doch schließlich lernt er 1833 – mittlerweile schon über 30-jährig – Gräfin Hanska kennen. Sie besitzt Millionen in russischen Staatspapieren, Feldern, Gütern und Leibeigenen. Sie ist verheiratet, aber ihr Mann ist 20 Jahre älter, krank und wird von ihr kaum noch geliebt. Balzac ist daher von dem Gedanken berauscht, dass er durch diese Frau reich werden könnte. Doch seine Hoffnung erfüllt sich zunächst nicht. Die Jahre vergehen. Gräfin Hanska wird langsam füllig und ihr Mann denkt nicht daran zu sterben. Balzac geht verschiedene Liebesabenteuer ein und hat die Hoffnung schon aufgegeben, da erhält er im Januar 1842 die Nachricht, Herr von Hanski sei gestorben. Vergessen sind nun die anderen Frauen. Sofort schreibt er der russischen Gräfin einen werbenden Brief und schwört, er habe nur sie geliebt. Er wartet auf das erlösende Wort: »Komm«. Doch die kühle Gräfin erteilt ihm eine Absage und erklärt, er habe ihr Vertrauen gebrochen, da er ihr nicht treu gewesen sei. Schließlich kann Balzac sie besänftigen, nach über zwei Jahren nach St. Petersburg reisen und seine ersehnte Millionärin sehen. Und er beginnt bald darauf Möbel und Einrichtungsgegenstände für eine gemeinsame Wohnung zu kaufen. Doch wieder beginnt das Warten, denn die Gräfin kann sich nicht zu einer Heirat entschließen. Heftig klagt Balzac in einem Brief: »Seit drei Jahren bin ich dabei, mir ein Nest zu bauen; es hat mich, Gott sei es geklagt, schon ein Vermögen gekostet –, aber wo ist das Vogelpärchen? Wann wird es einziehen? Die Jahre gehen dahin, wir werden alt, und alles verwelkt und wird blaß, sogar die Stoffe und Möbel in meinem Nest.«[72]

Erst als Balzac todkrank ist, entschließt sich die Gräfin ihn zu heiraten. Sie weiß nun, dass keine Gefahr mehr mit diesem Schritt verbunden ist. So wird die Trauung für den März 1850 vorbereitet. Balzac hat nur noch einige Monate zu leben. Er wird keine Zeile mehr veröffentlichen und schreibt mühsam an einen Freund, er könne nicht mehr lesen und schreiben. Fast völlig erblindet schleppt er sich durchs Haus, während sich seine Frau vorwiegend um ihre Kleider und ihren Schmuck kümmert. Er stirbt mit 51 Jahren in der Nacht zum 19. August. Nur seine Mutter ist bei ihm, seine Frau hat sich längst zur Nachtruhe zurückgezogen.

Stefan Zweig hat in seiner berühmten Balzac-Biographie festgestellt, einer der genialsten Menschen aller Zeiten habe sich viele Jahre lang erniedrigt, indem er diese mittelmäßige Provinzaristokratin geliebt habe. Immer sei er gebeugt gewesen zum Pantoffelkuss, immer in Demut zerfließend. Und dies alles wegen einiger Millionen, die ihm letztlich nichts genützt haben.

Der glückliche Hebbel

Mitunter kann der Traum von der reichen Frau auch glücklich enden. Als der 46-jährige Schriftsteller Friedrich Hebbel die berühmte Burgschauspielerin Christine Enghaus trifft, ist dies für ihn nicht nur finanziell ein Gewinn. Für ihn ist die Heirat mit Christine in jeder Hinsicht die Wende in seinem Leben. Dabei war es durchaus nicht gewiss, dass aus dieser Beziehung auch eine glückliche Ehe werden würde. Denn für Hebbel war diese Beziehung anfänglich nicht unbedingt das, was man die große Liebe nennt. Das wahre Motiv der Ehe lag für Hebbel im Geld. »Ein Tag bringt mir jetzt mehr Glück als ehemals ein ganzes Jahr. Sie ist lebenslänglich mit 5000 Gulden beim Hoftheater engagiert ... «, schreibt er offenherzig.

Seine Einkünfte als Schriftsteller und ihr festes Gehalt gaben ihrem Leben eine solide finanzielle Basis. Als sich Hebbel schließlich in der Nähe von Salzburg ein kleines Haus kaufen kann, bezeichnet er sich stolz als Grundeigentümer. Das ist verständlich angesichts der großen Armut, in der er aufgewachsen war. Sein Leben war von Kindheit an geprägt durch bittere materielle Not. Er selbst hat einmal gemeint, er habe sich durch das Leben gedrängt wie eine sich entwickelnde Blume durch den Kot. Etwa die Hälfte seines Lebens habe er nahe eines furchtbaren Abgrundes gelebt.[73] Doch Hebbel fand in seiner Frau nicht nur finanzielle Sicherheit, sondern auch ein stabiles Liebesglück. Lange genießen konnte er das Glück leider nicht: Die Zeiten der Entbehrung hatten ihn körperlich sehr geschwächt und so starb er frühzeitig im Alter von 50 Jahren.

Geld und Liebe bei Gerhart Hauptmann

Am glücklichsten ist natürlich, wer eine reiche Frau findet, diese liebt und dann auch noch so alt wird, dass er das Geld genießen kann. Dieses seltene Glück widerfuhr Gerhart Hauptmann, der als Jugendlicher die Armut hautnah erlebte. Als er eine Bildhauerausbildung begann, musste er seine Konfirmationsuhr, Manschettenknöpfe und sogar seine Rosshaarmatratze sowie den Wintermantel zum Pfandleiher bringen. Hauptmann fühlte sich durch diese Armut sehr gedemütigt. Zwar gelobt er später einer Anna Grundmann, die in der Landwirtschaft arbeitet, in einem rührenden Liebesgedicht: »Anna, darben mit Dir ist Genuss, mit Dir arm sein Überfluß«, doch diese Anna erhört den feurigen, infantilen Dichter nicht.

Und so verliebt sich dieser mit 19 Jahren in die Bankierstochter Marie Thienemann. Als sie ihn einmal in Breslau besucht, drückt sie ihm ein Bündel Banknoten in die Hand. Er kann in Ruhe sein Studium beenden und nach der Heirat fast zehn Jahre lang von ihrem Vermögen leben. Zwar veruntreut der Vermögensverwalter sehr viel Geld, doch als die reiche Tante seiner Frau stirbt, verfügt er durch die Erbschaft wieder über genügend Geld. So kann Hauptmann ohne materielle Sorgen schreiben, und 1893 erscheint sein sozialkritisches Werk *Die Weber*. Fortan wird Hauptmann vor allem mit der überzeugenden Darstellung der Armut sein Geld verdienen ...

Im Alter von 29 Jahren erliegt Gerhart Hauptmann der Faszination der 18-jährigen Violinschülerin Margarete Marschalk. Im Gegensatz zu seiner schwermütigen Frau ist sie unbeschwert und gesellig. Mehrere Jahre kann er sich nicht zwischen den beiden Frauen entscheiden. Doch als Margarete ein Kind von ihm erwartet, baut er für sie ein Haus im Riesengebirge und leitet seine Scheidung ein. Gleichzeitig lässt er auch für Marie ein Haus in bester Lage in Dresden errichten.

Gerhart Hauptmann ist 42 Jahre alt, als ihm die 16-jährige temperamentvolle und bezaubernde Ida Orloff erneut den Kopf verdreht. Doch der Dichter des sozialen Elends will seinen gesicherten Wohlstand nicht mehr aufgeben und mokiert sich über das ärmliche Leben seiner Geliebten: »Der Aufenthalt in den zwei kleinen Löchern nebst Küche war jämmerlich ... Von den Höhen des Lebens, wo Glück, Liebe und Schönheit thronen, steige ich in ein muffiges, stickiges Elend hinab ...«[74]

Nach einem stürmischen Treffen mit Ida auf Rügen entscheidet sich Hauptmann für seine Ehe und lebt weiterhin auf großem Fuße. Er kauft Haus Seedorn auf Hiddensee und lässt es umbauen. Seine Aufenthalte an der italienischen Riviera sind auch sehr kostspielig. Zudem besitzt seine Frau eine sehr exquisite Garderobe, er selbst trinkt und speist gern in erlesenen Restaurants. Liebe ist für Hauptmann nur noch im Rahmen eines großzügigen Lebensstils denkbar.

Hauptmann rühmte sich, die mit dem Nobelpreis verbundenen 160.000 Goldmark in einem Jahr verprasst zu haben. Seine Ausgaben sind schließlich so hoch, dass er unfertige Stücke auf den Markt wirft. Trotz seines starken Alkoholkonsums wird Hauptmann 83 Jahre alt. Er wird schließlich auf der Insel Hiddensee beigesetzt. Allerdings verzögert sich die Beerdigung, denn die beiden Männer, die seinen Sarg tragen sollen, sind betrunken.

Geld als Streitobjekt

Auch wenn in der überwiegenden Zahl der Ehen keine Millionen vorhanden sind, ist das Geld doch ein häufiger Streitpunkt. In der französischen Ausgabe von *Marie-Claire* lautete 1985 eine Titelgeschichte »Durch Geld entzweite Paare«. Deren Schlussfolgerung lautete, dass in jeder zweiten Ehe über Geld gestritten wird. Auch in einem Artikel der *Berliner Morgenpost* vom 27. November 1994 wurde die Behauptung aufgestellt: »Beim Geld hört oft die Liebe auf. Das Haushaltsgeld ist oft Anlaß für Streit und Ehekrisen. Geld ist der Trennungsgrund bei jeder zweiten Scheidung.« Besonders konfliktträchtig sind vor allem zwei »Geldkonstellationen«: wenn einer der Partner zu wenig verdient oder unterschiedliche Geldprioritäten bestehen.

Vor allem Frauen empfinden Zorn und Scham, wenn sie einen Mann geheiratet haben, der in ihren Augen zu wenig

Geld verdient. Wenn der Lebensstandard gering ist und sich der Partner mehr erhofft hat, ist der Dauerkonflikt vorprogrammiert. Nicht selten bekommen die Männer dann von den Frauen zu hören, sie hätten jemand Besseres heiraten können. »Du bist eine Flasche, ein Versager. Vor 20 Jahren wollte mich ein Graf, ein richtiger Graf, wenn ich doch den genommen hätte ...«, lautet tatsächlich ein Vorwurf in einer Familie meines Bekanntenkreises.

Ebenso können sich Konflikte ergeben, wenn zwei Menschen zusammenkommen, die eine unterschiedliche Geldpriorität besitzen. Diese liegt vor allem dann vor, wenn ein sehr verschwenderischer mit einem geizigen Partner zusammenlebt. Interessanterweise wählt ein verschwenderischer Mann oft eine sehr sparsame Frau (wobei es natürlich auch den umgekehrten Fall gibt), weil nur durch ihre Sparsamkeit sein leichtsinniger Umgang mit dem Geld möglich ist. Andererseits stellt sich auch die Frage, inwieweit der »sparsame Typ« insgeheim von den unbekümmerten Geldausgaben des Partners fasziniert ist. Dahinter steckt auch ein Genießenkönnen, ein kraftvolles Selbstbewusstsein, ein Unbekümmertsein. Wie schwierig allerdings eine solche Partnerschaft mitunter sein kann, berichtete mir eine 45-jährige Zahnärztin:

»Ich hatte einen Partner, der der letzte Spross einer Grafenfamilie war. In meiner Studentenzeit lebten wir zusammen. Ich habe mir jede Mark abgespart, er hat sich Lachs und Wein gegönnt und sich teure Bücher gekauft. Er konnte Geld ausgeben, auch wenn keines da war. Also schränkte ich mich ein, um das Konto halbwegs auszugleichen. Ihm machte es nichts aus, wenn er Mahngebühren für nicht rechtzeitig zurückgebrachte Bücher zahlen musste. Für mich war es Geldverschwendung.«

Männer leisten sich meist teurere Sachen wie Autos, Kameras, Segelboote, Lexika, während Frauen häufig Kleidung kaufen. Dies störte einen 24-jährigen Studenten so sehr, dass er sich von seiner Freundin trennte. Sie hatten gemeinsam nicht sehr viel Geld, und er klagte: »Ich musste ihr ›Handschellen‹ anlegen, denn sie gab immer so viel Geld für Klamotten aus, dass sie völlig das Konto ruinierte.«

Eugénie Grandet

Bei der Partnerschaftswahl sollte die Einstellung des anderen zum Geld nicht unberücksichtigt bleiben. Sowohl mit einem übertrieben verschwenderischen Menschen als auch mit einem »Geizkragen« wird es nicht nur endlose Debatten über das Geld geben. Vielmehr ist das Geldverhalten immer auch ein Spiegelbild für die Emotionalität eines Menschen. Ein geiziger Mensch geizt immer auch mit seinen Gefühlen, Worten und Handlungen. Denn Geiz ist eine Lebenseinstellung, und am Ende spart er mit allem und jedem.

Wie prägend das für eine Ehe sein kann, zeigt Balzac in seinem Roman *Eugénie Grandet*. Dieses Werk handelt von dem Böttcher Grandet, der durch eine Heirat, durch Erbschaften und geschickte Spekulationen ein schwerreicher Mann geworden ist. Neben viel Geld besitzt er nun Weinberge, landwirtschaftliche Betriebe und sogar ein Schloss. Doch seinem Lebensstil merkt man das nicht an. In seinem Haus wird jede Ausgabe gescheut, denn er hat nur noch ein Ziel: noch reicher zu werden. Sein Lebensglück besteht darin, abends mit zitternden Händen die große Truhe zu öffnen und die Goldstücke durch seine Finger gleiten zu lassen. Das Geld hat auf ihn eine regelrecht erotische Wirkung.

Er geizt nicht nur mit Geld, sondern auch mit Worten. Seine etwa 20 Jahre jüngere, aus reicher Familie stammende Frau hat er vollständig unterjocht. Sie darf erst im November den großen Raum heizen und trägt fast ein Jahr lang ein Kleid aus grünlicher Halbseide. Sie empfindet ihre Abhängigkeit von ihrem Mann als tiefe Demütigung, verlangt aber aus Stolz und Angst nie einen Pfennig von ihm. Sie will keine Auseinandersetzungen mit ihrem Mann, und als überraschend der Vetter zu Besuch kommt und die Tochter für ihn eine Wachskerze und etwas Zucker kaufen will, erhebt sie nur den Einwand, dass der Vater doch alles merken würde. Und so wird selbst die Tochter, die noch unschuldig liebt und leidet, zu einem sparsamen, ja geizigen Menschen. Selbst als der Vater tot ist, macht sie – nunmehr 33 Jahre alt – »in ihrem Zimmer nur an den Tagen Feuer, an denen früher ihr Vater erlaubt hatte, das Feuer im Saal anzuzünden und löscht es gemäß dem Programm, das in ihren jungen Jahren in Kraft war.«[75]

Balzac hat mit diesem Roman mit bewundernswerter Klarheit verdeutlicht, dass man nicht nur den Ehepartner, sondern auch die Kinder mit seinen eigenen Geldangewohnheiten immens prägen kann. Solche Familientraditionen werden durch Vorbild, Gewohnheit und Angst oft über Generationen weitergegeben und sind für die Familienmitglieder fast unüberwindbar, da sie in einem Alter vermittelt wurden, in dem sie noch für Eindrücke offen und zugleich wehrlos waren.

Die Sinnlichkeit des Geldes

Der Geiz ist die radikalste Antwort auf Liebesarmut. Er ist immer die Folge eines starken Liebesdefizits. Doch wer nicht an die Liebe glaubt, muss nicht unbedingt geizig werden. Mitunter wird er auch zum Verschwender, der seine inneren Defizite durch übermäßigen Konsum ausgleichen will. Doch in jedem Fall will das Liebesvakuum gefüllt werden. Und kaum etwas eignet sich dazu so gut wie Geld. Denn Geld und Gold haben durchaus eine sinnliche Ausstrahlung, wie die schwärmerischen Worte des zeitweilig sehr armen Schriftstellers Ludwig Tieck zeigen: »... scheint die Sonne, so sehe ich nur diese gelben Augen, wie es mir zublinzelt und mir heimlich ein Liebeswort ins Ohr sagen will: so muß ich mich wohl nächtlicherweise aufmachen, um nur seinem Liebesdrang genug zu tun, und dann fühle ich es innerlich jauchzen und frohlocken, wenn ich es mit meinen Fingern berühre, es wird vor Freude immer röter und herrlicher; schaut nur selbst die Glut der Entzückung an!«[76] Man kann hier fast von sexueller Erregung sprechen und an Freud erinnern, der einmal meinte, dass mächtige sexuelle Faktoren an der Schätzung des Geldes beteiligt seien.

Das Dagobert-Syndrom

Die Verlagerung des Eros auf das Geld nenne ich das Dagobert-Syndrom. Bekanntlich ist Dagobert ein Enterich, der mit hoch aufragendem Pürzel lustvoll im Geld herumschaufelt. »Die Berührung mit Münzmetall und Banknotenpapier versetzt ihn offensichtlich in rasch zunehmende Erregung, bis er sich schließlich mit erigiertem Pürzel kopfüber hineinstürzt und zur Erfüllung gelangt.« Damit sei Dagobert als der idealtypische Vertreter der lebensfeindlichen kapitalistischen Ethik entlarvt, dessen Liebesfähigkeit von den Menschen weg zu den Sachen hin pervertiert ist.[77]

Beim Dagobert-Syndrom betet das Geld an, wer in der Liebe und Sexualität resigniert hat. Dabei kann dieser Menschentypus durchaus eine lange Ehe führen. Doch vor allem Frauen klagen über die innere Armut ihrer »Dagoberts«, die dazu führt, dass sie im Geld eine Ersatzbefriedigung finden. So ist es zu erklären, dass man sich mit vielen Männern am besten über Geld und Börsenkurse unterhalten kann. Ich habe manchmal den Eindruck, dass diese Männer beim Lesen der Börsenkurse viel stärker erregt sind als im Bett. Die Ehe ist für sie langweilig bzw. zu kompliziert geworden, aber wenn sie von ihren Geldanlagen erzählen, glänzen ihre Augen. Und sie sind mitunter so leidenschaftlich, so fiebrig, wenn sie von ihren Aktiencoups berichten, dass sich der Verdacht einer Ersatzerektion aufdrängt.

Geld, Erotik und Untreue

Das Geld kann zum Ersatz für die Liebe werden. Doch das Geld kann auch die Erotik fördern, da es grundsätzlich eine lebenserhaltende Vitalfunktion hat: Finanzieller Erfolg führt bei vielen Menschen auch zu einer größeren Liebesbereitschaft und erweist sich als Sexualstimulanz.

Dies bestätigte eine amerikanische Studie, bei der 30 Börsenmakler befragt wurden. Sie kam zu dem Ergebnis, dass sich ihr Sexualtrieb verstärkte, wenn der Aktienindex stieg. Fallende Kurse wirkten sich hingegen negativ auf ihre Libido aus. Außerdem stellte man fest, dass bei Männern und Frauen die Häufigkeit ehelicher Untreue mit der Höhe des Einkommens steigt. Bei verheirateten Männern in den USA, die 20.000 Dollar im Jahr verdienen, hatten 31 % eine außereheliche Beziehung. Bei einem Gehalt von 60.000 Dollar und mehr betrug die Häufigkeit der Seitensprünge bereits 70 %. Es ließe sich darüber spekulieren, ob das an der größeren Potenz der gut verdienenden Männer liegt, ob ihre Ehen durch die viele Arbeit schlechter werden oder ob sie durch das Geld einfach über bessere Gelegenheiten zum Seitensprung haben ...

Für gewöhnlich findet sich das Geld erst ein,
wenn das Gewissen einzutrocknen beginnt.

Maxim Gorki

Die Überschätzung
des Geldes

Geld allein macht nicht glücklich und man kann sich damit weder Liebe noch Freundschaft erkaufen. Dennoch ist es fatal, wenn wir das Geld gering schätzen. Schließlich sind wir auf das Geld angewiesen, um halbwegs sorgenfrei leben zu können. Deshalb müssen wir das Geld ernst nehmen, ohne ihm jedoch eine zu große Bedeutung beizumessen. Das ist nicht einfach, denn Geld hat die Eigenschaft, in nahezu jedes seelische Defizit zu drängen und es auszufüllen. Und diese Gefahr ist den meisten Menschen durchaus bewusst. So hörte ich bei meinen Interviews immer wieder den Wunsch, zum Geld eine sachlichere Einstellung zu bekommen. Das Geld solle nur Mittel zum Zweck sein, wurde mehrheitlich beteuert. Doch solche Aussagen sind meist nur halbherzige Absichtserklärungen. Denn Tatsache ist, dass das Geld in unserem Leben oft eine viel zu große Bedeutung hat. Es ist eben nicht nur dazu da, dass wir beispielsweise die Miete bezahlen, Lebensmittel kaufen und uns eine Reise leisten können. Wäre dem so, würden wir das Geld so behandeln

141

wie ein Werkzeug, das uns nützlich ist, dem wir aber keinen übermäßigen Stellenwert in unserem Gefühlsleben einräumen. Doch oft ist Geld eine sehr schillernde Kraft, die uns emotional völlig gefangen nehmen kann.

Wir erleben schon bei technischen Gegenständen, dass wir sie keineswegs nur nach ihrem Nützlichkeitswert einschätzen, sondern ihnen eine emotionale Bedeutung zusprechen. Denken wir nur an das Auto. Es hat nicht nur einen Gebrauchswert als Fortbewegungsmittel. Wenn man es als der »Deutschen liebstes Kind« bezeichnet, wird damit deutlich, dass man zum Auto eine hochgradig emotionale Beziehung aufbauen kann. Es wird geputzt und gepflegt wie ein Baby (manchmal noch intensiver ...) und gerade für manche Männer spielt es sicherlich eine ganz zentrale Rolle in ihrem Leben. Manche Analytiker gehen sogar so weit, das Auto als Penisersatz zu bezeichnen. Wenn schon eine solche Ansammlung aus Blech, Chrom und Kunststoff so viel Gefühle hervorrufen kann, wie viel stärker ist dann erst die Faszination des Geldes?

Das Geld ist wie der Geist in Aladins Wunderlampe. Es ist ein Geist, der uns die Erfüllung aller Wünsche verspricht. Deshalb überschätzen wir auch die Bedeutung des Geldes. Wir leben so, als ob das Geld das Wichtigste im Leben sei. Wir handeln so, als ob uns nur das Geld glücklich mache – und können leicht mit diesem Lebensentwurf scheitern.

Die finanziellen Demütigungen

Die Überschätzung des Geldes ist am stärksten bei jenen Menschen anzutreffen, die in der Kindheit unter finanziellen Demütigungen gelitten haben. Sie streben oft lebenslang danach, diese Demütigungen auszugleichen, und schießen dabei naturgemäß über das Ziel hinaus. Auch wenn sie bereits genug

Geld besitzen, lässt ihr Streben nach Geld nicht nach. Denn sie handeln nach einem inneren Plan, der in der Kindheit entstanden ist. Sie haben als Kind erlebt, wie sehr Armut demütigen kann, und sehen daher das Geld als die entscheidende Grundlage für den Lebenserfolg an. Diese sehr einfache, einseitige, kindliche Logik bestimmt ihr ganzes Leben.

Im Alter von drei oder fünf Jahren kann man noch nicht übersehen, dass zu einem gelungenen Leben mehr gehört: Gesundheit, ein interessanter Beruf, gute Freundschaften, eine glückliche Partnerschaft, Sexualität und die Suche nach dem Sinn des Lebens. Insofern ist eine solche Überschätzung des Geldes infantil. Doch wir leben in einer infantilen Gesellschaft, in der wir alle dazu neigen, auf schwierige Probleme einfache Antworten zu geben. Dies trägt dramatische und tragische Züge zugleich in sich. Denn die finanzielle Armut ist für viele Kinder so bedrückend, dass ihr Streben nach Geld absolut nachvollziehbar ist. Doch tragisch ist, dass damit ihr Lebensweg eine Ausrichtung bekommt, die sie letztlich dauerhaft unglücklich machen kann.

»Ich schämte mich«

Nietzsche hat einmal gesagt, der Charakter sei der Ausweg aus einer Krise. Das kleine Kind befinde sich wie in einem bedrohlichen Urwald und müsse unbedingt einen Weg nach draußen finden. Das Streben nach Geld ist ein solcher Ausweg. Er ist ein Befreiungsschlag, eine aktive Antwort auf finanzielle Demütigungen in der Kindheit.

Wie intensiv Kinder unter den Kränkungen der Armut leiden, habe ich in den letzten Jahren immer wieder erfahren. Besonders erschütternd war für mich der Bericht eines 54-jährigen Unternehmers, der mir mit Tränen in den Augen berichtete: »Ich lebte zusammen mit meiner Mutter und einer

Schwester in einer Einzimmerwohnung. Wir hatten nur eine Außentoilette. Ich musste mit einem billigen Trainingsanzug zur Schule gehen. Alles, was ich anhatte, kratzte fürchterlich, weil es aus einer billigen Wolle hergestellt war. Vieles war selbst gestrickt. Ich schämte mich für mein Aussehen. Und wenn meine Klassenkameraden ins Kino gingen, konnte ich nicht mit. Ich habe natürlich immer gesagt, ich hätte keine Zeit. Ich konnte auch niemanden zu uns nach Hause einladen, weil alles so ärmlich war. Meine Mutter wollte nicht, dass andere unsere Armut sahen, und hatte wohl auch Befürchtungen, dass ein ›Esser‹ mehr am Tisch sitzen könnte. Das alles machte mich so zurückhaltend, dass ich schon bald als arrogant galt.« Er litt so stark unter der Armut, dass ihm das Geld als der Schlüssel zum Glück erschien. Inzwischen ist er ein reicher Mann, der sich verzweifelt fragt, wozu er eigentlich so viel arbeitet. Nachdenklich meinte er in einer Therapiesitzung: »Ich habe jetzt alles, wovon ich als Kind geträumt habe. Und nun stelle ich mit großem Erschrecken fest, dass mich das alles nicht glücklich macht. Ich spüre, dass meine Kräfte nachlassen, Freunde habe ich nicht, über den Liebesbereich möchte ich gar nicht erst reden. Mein Leben ist eine Fehlkalkulation.«

Die Ursache seines manischen Arbeitseifers und seiner Jagd nach Geld ist ihm nicht bewusst. Denn wer als Kind bittere Armut erlebt hat, wird die durch sie verursachten Kränkungen verdrängen. Er wird vergessen wollen, weil die Selbstachtung die Erinnerung an solche Kränkungen auf Dauer nicht zulässt. Doch durch diese Verdrängungsleistung verzichtet er darauf, diesen Vorgang zu kontrollieren. Er jagt fortan dem Geld hinterher, ohne die Ursache für diese Jagd zu kennen. Insofern ist er ein Gefangener des Geldes.

Der beschämende Vergleich

Am häufigsten treffen wir eine massive Überschätzung des Geldes bei jenen Menschen an, die in der Nachkriegszeit bittere Armut erlebt haben. Als kleine Kinder empfanden sie die Armut als so beschämend, dass sie sich später vorgenommen haben, möglichst viel Geld zu besitzen.

Eine ältere Dame berichtete mir: »Ich musste mit allem sparen. Nie hatte ich schicke Sachen zum Anziehen. Eine Freundin war immer toll angezogen, ihr Vater handelte auf dem Schwarzmarkt. Aber mein Vater war arbeitslos ... Ich war damals 18 Jahre alt und über beide Ohren in einen jungen Mann verliebt. Der wollte mit mir an einem Wochenende zum Schwimmen rausfahren. Ich murmelte, das ginge nicht, ich wolle nicht. Der Grund war: Ich hatte kein Geld für die Straßenbahn. Zu meiner Lehrstelle ging ich jeden Tag fast eine Stunde zu Fuß. Ich schämte mich für meine Armut, unsere selbst gezimmerten Möbel, denn wir waren ausgebombt. Und so war und blieb das Geld in meinem Leben ein wichtiges Thema, über das ich allerdings nie nachdachte. Ich hatte es vergraben und erst durch die Interviews mit Ihnen wurde mir dies alles bewusst.«

Beschämend ist immer der Vergleich mit anderen. Die Tatsache der Armut allein ist noch nicht so kränkend. Zwar erleben die Kinder die finanziellen Sorgen der Eltern als belastend, viel problematischer wird es aber, mit anderen Kindern umzugehen, die aus reicheren Familien stammen. Beispielsweise berichtete mir ein mittlerweile mehrfacher Millionär: »Ich bin in Ostberlin groß geworden. Wir kamen mit dem Geld aus. Geldmangel spielte dort keine große Rolle. Zu kaufen gab es eh nicht viel, es herrschte ja Mangelwirtschaft. Armut erlebte ich erst, als wir in den Westen gingen. Wir mussten alles zurücklassen und unsere Möbel auf Kredit kaufen. Die abendliche Tätigkeit meiner Mutter bestand nun darin, unser Geld zu zählen. In der Schule litt ich darunter, am wenigsten Geld zu haben. Nie konnte ich mir was kaufen. Ich gehörte zu den Habenichtsen. Deshalb zog es sich seit meiner Lehrzeit durch mein Leben: Ich wollte endlich auch dazugehören und reich sein. Ich wollte ein besonderes Auto, ein Segelboot, ein tolles Haus. Mir ist die Wirkung des Geldes wichtig. Es sollen alle sehen, dass ich es geschafft habe.«

Was sich dieser Millionär mit Geld erkaufen wollte, ist weniger der Lebensgenuss. Vielmehr suchte er die Anerkennung und Bewunderung seiner Mitmenschen. Er wollte endlich auch finanziell kein Außenseiter mehr sein. Deshalb ist es heute auch für viele Kinder so wichtig, die richtigen Markenturnschuhe, die richtigen Klamotten anzuhaben. Ein 14-jähriger Schüler klagte: »Du musst heutzutage die Schuhe mit den drei Streifen anhaben. Meine hatten nur zwei, und mehrere Typen in der Klasse brüllten, was ich denn für miese Treter anhaben würde. Ich habe mich furchtbar dafür geschämt.«

Armut in der Jugend

Demütigungen sind in jedem Lebensalter schwer zu verkraften. Und doch hatte ich in meinen Interviews den Eindruck, dass finanzielle Kränkungen für einen Heranwachsenden noch schwerer zu verkraften sind, wenn er zunächst in halbwegs gesicherten finanziellen Verhältnissen gelebt hatte. Vielleicht ist es ähnlich wie mit anderen Verlusterlebnissen, die mit zunehmendem Alter schwerer zu verarbeiten sind. Mir haben Fachleute versichert, dass Kinder viel stärker unter ihrer Blindheit leiden würden, wenn sie früher einmal sehen konnten. Dies gilt auch für den Verlust des Hörens, der Sprache – und offenbar auch des finanziellen Status.

Der amerikanische Manager Iococca, dessen Vater als Immobilienmakler in den 20er-Jahren viel Geld verdiente, erinnerte sich: »In wirtschaftlicher Hinsicht ging es mit unserer Familie mal bergauf und mal bergab. Wie vielen Amerikanern ging es uns in den zwanziger Jahren gut. Mein Vater begann ... mit Immobilien viel Geld zu verdienen. Einige Jahre lang waren wir ziemlich wohlhabend. Aber dann kam die Depression, die große Krise. Niemand, der sie miterlebt hat, wird das je vergessen. Mein Vater verlor sein ganzes Geld, und wir büßten beinahe unser Haus ein. Ich war damals erst sechs oder sieben Jahre alt, aber die Angst, die ich vor der Zukunft hatte, steckt mir noch in den Knochen. Schlechte Zeiten sind unauslöschlich. Sie bleiben einem bis ans Lebensende gegenwärtig. Durch die Depression wurde ich zu einem Materialisten. Jahre später, als ich meinen Studienabschluß machte, war meine Einstellung: Bleibt mir mit Philosophie vom Leibe. Wenn ich 25 bin, möchte ich zehntausend im Jahr verdienen und dann Millionär werden.«

Iococca war nicht an wohlklingenden Titeln interessiert, er wollte nur Geld. In seiner Autobiographie schreibt er: »Ich fürchte mich nicht davor, arm zu werden, aber irgendwo im Hinterkopf sitzt noch immer das Bewußtsein, daß der Blitz wieder einschlagen kann und meine Familie dann nicht genug zu essen hat. Ganz gleich, wie es mir finanziell gerade geht, die Depression ist nie aus meinem Bewußtsein verschwunden. Bis zum heutigen Tag hasse ich Verschwendung. Als die Krawattenmode von schmal zu breit wechselte, hob ich alle meine alten Binder auf, bis schmal wieder modern war.«[78]

Die Demütigung des Bettelns

Die Demütigung und Verunsicherung der Kinder durch die Armut wird oftmals noch dadurch gesteigert, dass sie betteln gehen müssen. Wie beschämend müssen es Kinder erleben, wenn sie von den Eltern zum Bäcker geschickt werden, der den Betrag anschreibt und immer wieder mahnt, man müsse endlich bezahlen! Die Mutter weiß genau, dass *ihr* der Bäcker nichts mehr geben würde. Aber bei den Kindern hat er Mitleid und drückt ihnen doch ein Brot in die Hand. So etwas vergisst man nicht, versicherte mir ein älterer Klient, der einen »soliden Wohlstand« erreicht hat: »Wir mussten als Kinder in der Nähe der Kirche betteln gehen und bekamen dann Geld oder auch was zu essen. Es war so deprimierend, man schaute uns an wie Verbrecher. Solche Erlebnisse prägen das Leben. Wenn ich heute einem armen Kind begegne, sehe ich mich selbst darin und spreche es an. Oder kürzlich kam ein alter Mann auf mich zu, denn er brauchte noch 20 Pfennige für eine Brezel. Ich habe sie ihm natürlich gegeben.«

Der Gerichtsvollzieher als Freund der Familie

Wenn Kinder um Nahrung oder Geld bei Nachbarn, Verwandten oder dem Kaufmann betteln müssen, ist dies immer ein beschämender Vorgang. Aber noch bedrückender ist es für viele Kinder, wenn der Gerichtsvollzieher kommt. Sie verstehen nicht, warum er auftaucht, und spüren nur, wie entsetzt die Eltern darüber sind.

Eine 45-jährige Ärztin erinnert sich: »Häufig klebte bei uns hinter manchen Geräten der Kuckuck, ich wusste nicht, was dieses zu bedeuten hat. Meine Mutter ermahnte mich immer, ich solle ihn nicht abreißen. Bei uns war der Gerichtsvollzieher der ›beste Freund‹ der Familie. Er kam regelmäßig und ich habe das immer wie ein Donnergrollen empfunden. Mein Vater war geknickt, weil er das nicht verhindern konnte. Er lief tagelang mit eingezogenem Kopf herum und mir hat das alles Angst gemacht.«

Als Erwachsene tat sie alles dafür, um eine große finanzielle Sicherheit zu erlangen. Es erfüllte sie mit Panik, dass sie vielleicht eines Tages auch einmal wenig Geld haben und von der Hilfe anderer abhängig sein könnte. Schließlich wurde sie Beamtin in einer Behörde.

Bei uns kann man nichts pfänden

Finanzielle Kränkungen und Demütigungen in der Kindheit müssen trotzdem nicht zwangsläufig dazu führen, dass sich das gesamte Leben ängstlich ums Geld dreht. Mich hat es während meiner Umfragen sehr verblüfft, wie unbefangen und geradezu spielerisch manche Menschen mit dem Gerichtsvollzieher umgehen. Beispielsweise klagte mir einmal eine 38-jährige Dame ihr Leid. Zu ihr kam des Öfteren der Gerichtsvollzieher, ihr Mann sagte dann nur immer: »Was willst du, wir haben doch nichts, du kannst doch völlig beruhigt sein. Bei uns kann man nichts pfänden.«

Es gibt tatsächlich Menschen, die selbst beim Gerichtsvollzieher ruhig bleiben, seinen »Besuch« sogar mitunter als Spiel empfinden. Zu ihnen gehörte auch der französische Schriftsteller Balzac. Er war meist völlig verschuldet und auf der Flucht vor seinen Gläubigern. Seine Lage war mitunter so schlimm, dass er sich ein System mit Geheimworten ausdachte, das fast an ein Pfadfinderspiel erinnert. Wenn man zu ihm wollte, musste man dem Portier an dem betreffenden Tag beispielsweise sagen: »Die Pflaumenzeit ist da.« Erst dann wurde man über die Schwelle gelassen. Doch das war nur die erste Probe. Am Ende der Treppe wartete dann Balzacs verlässlicher Diener, dem man das zweite Stichwort zuflüstern musste: »Ich bringe belgische Spitzen.« Aber die Tür öffnete sich erst, wenn man dann noch den dritten geheimen Satz kannte: »Madame Bertrand erfreut sich der besten Gesundheit.«[79] Doch auch die Gläubiger kannten schließlich diese Tricks, und Balzac musste zahlen.

Die Angst vor der Schande

Noch in diesem Jahrhundert jagten sich Fabrikanten eine Kugel in den Kopf, wenn sie Konkurs gemacht hatten. Sie hatten den Eindruck, die damit verbundene gesellschaftliche Schande nicht überstehen zu können. In dieser Einschätzung liegt die radikalste Überschätzung des Geldes. Denn die sozialen Folgen des Geldes werden als wichtiger erachtet als das eigene Leben.

Diese tragische Überschätzung des Geldes gehört aber nicht der Vergangenheit an. Vor kurzem hörte ich von einem norddeutschen Kaufmann, der sich mit seiner Pistole erschossen hatte, nachdem er befürchtete, seinen Zahlungsverpflichtungen nicht mehr nachkommen zu können. Er wohnte in einer sehr kleinen Stadt, wo es rufschädigend ist, wenn der Gerichtsvollzieher auftaucht. Und im *Berliner Kurier* vom 8. März 1997 war zu lesen, dass sich ein Berliner Ehepaar wegen seiner Schulden angezündet hatte. Joachim K. (57) und seine Frau Waltraud (55) wurden deshalb mit schweren Brandverletzungen ins Krankenhaus eingeliefert. Das Ehepaar hatte es nicht ertragen können, dass ihre Uhrmacherwerkstatt mit sechs Angestellten kurz vor der Pleite stand. Der Handwerksmeister und seine Frau gossen daher Benzin in ihrem Auto aus und zündeten sich an.

Quax der Bruchpilot

Ein Konkurs bedeutet meist nicht nur, dass das eigene Lebenswerk vernichtet ist. Man muss auch damit leben, dass der eigene Ruf ruiniert ist. Nun mag es Menschen geben, die das nicht weiter bekümmert. In gewissen Kreisen mag dies sogar als soziale »Auszeichnung« gelten. Doch für viele rechtschaffene Menschen ist der Gerichtsvollzieher ein Zeichen des Scheiterns, und es gehört sehr viel Mut und Durchhaltevermögen dazu, auch solche Lebenskrisen zu meistern.

Ein erschütterndes, gleichzeitig aber ermutigendes Beispiel für die Bewältigung einer solchen Krise ist das Leben von Heinz Rühmann. Dieser war zunächst ein regelrechter Glückspilz. Als Schauspieler wurde er schon vor dem Zweiten Weltkrieg berühmt. Mit den Filmen *Die Drei von der Tankstelle*, *Quax der Bruchpilot* und *Die Feuerzangenbowle* war er einem Millionenpublikum bekannt geworden. Nach dem Krieg wollte Rühmann wieder in Filmen mitwirken, und ein alter Bekannter bot ihm eine große Chance. Der einstige Filmproduktionschef Alf Teich hatte eine amerikanische Lizenz erworben, wollte mit Rühmann »halbe, halbe« machen und gründete mit ihm die Filmfirma Comedia. Nur Rühmanns Ehefrau Hertha war von dieser Unternehmung wenig begeistert. Sie wusste, dass ihr Mann kein Mensch war, der finanziell mitverantwortlich sein konnte.

Voller Begeisterung machte man sich an den ersten Film, in dem unter anderem Gert Fröbe mitspielte. Er sollte das Leben eines »Otto Normalverbrauchers« zeigen und wurde ein Flop. Und auch die nächsten Filme wurden finanziell ein Reinfall. Schließlich ging die Firma in Konkurs. Rühmann hatte nun horrende Schulden und war fortan auch als Schauspieler nicht mehr gefragt. Er galt als Versager, war abgeschrieben, vergessen. Selbst viele Freunde waren plötzlich wie vom Erdboden verschluckt. Der häufigste Gast in seinem

Leben war nun der Gerichtsvollzieher, der zweimal pro Woche auftauchte.

Erst 1952 kam wieder ein beruflicher Durchbruch. Endlich konnte er die Schlagzeile »Rühmann ist erledigt« widerlegen. Als er 1956 den *Hauptmann von Köpenick* spielen durfte, erhielt er nicht nur viele Ehrungen. Auch seine Schulden aus der Comedia-Pleite waren inzwischen bezahlt. Rühmann hatte sieben lange Jahre lang seine Schulden bis auf den letzten Pfennig abbezahlt.

Lächeln – so sagte Rühmann einmal – sei das Kleingeld des Glücks. Aber damit er wieder lächeln konnte, musste er vor allem Geld verdienen ...

Geld als Geltungsmittel

Es müssen nicht immer finanzielle Demütigungen oder gar Besuche des Gerichtsvollziehers sein, die unsere Beziehung zum Geld prägen. Viele Menschen werden eher von sehr allgemeinen, tief sitzenden Minderwertigkeitsgefühlen geplagt. Sie hadern mit ihrem Äußeren, indem sie überzeugt sind, zu große Ohren, zu dicke Oberschenkel oder zu viele Falten zu haben. Andere meinen, dass sie nicht intelligent, zu unsicher oder zu wenig liebenswert seien. Diese Minderwertigkeitsgefühle sind nur schwer korrigierbar. Auch wenn uns der Partner tausendmal versichert, dass wir attraktiv sind, glauben wir es ihm nur bedingt. Insofern ist es durchaus nachvollziehbar, dass wir innerlich darauf eingestellt sind, unseren Wert durch die Bestätigung des Geldes zu empfinden.

Doch leider nützt uns das wenig. Denn es ändert sich an den Minderwertigkeitsgefühlen kaum etwas, wenn wir ein hohes Einkommen haben, teure Kleidung tragen oder schnelle Autos fahren. Durch unsere »dicke Marie« oder eine teure »Rolex« mögen wir andere beeindrucken. Vielleicht machen wir sie auch neidisch, doch unsere Minderwertigkeitsgefühle bleiben uns treu. Diese können wir nur überwinden, wenn wir erkennen, wie sie entstanden sind. Und wir sind auf korrigierende soziale Begegnungen angewiesen, die unsere geringe Selbstachtung steigern. Denn meist sind es vor allem Beschämungserlebnisse in der Kindheit, die uns später an unserem Wert zweifeln lassen. Durch eine andauernde Selbstkritik aktualisieren wir ständig die entstandenen Minderwertigkeitsgefühle. Diese sind so intensiv, dass die meisten Menschen große Scheu vor der Beschäftigung mit dem eigenen Leben haben. Lieber suchen sie ihren Wert im Geld.

Geld als Lebenselixier

Viele Menschen leiden nicht nur unter bestimmten Minderwertigkeitsgefühlen, sondern unter einem umfassenden Identitätsproblem. Sie spüren nicht genau, wer sie sind, fühlen sich ständig unsicher und ängstlich. In einer Vorlesung vor über 20 Jahren wurde die Identität als das definiert, was bleibt und beständig ist. Sie gibt uns das Gefühl: »Der oder die bist du.«

Dieses Gefühl erwirbt man im Wesentlichen durch emotionale Erlebnisse in den ersten Lebensjahren. Doch wenn diese Erlebnisse von Angst und Unsicherheit geprägt sind, stellt sich nie ein sicheres Identitätsgefühl ein. Es fehlt das nötige Urvertrauen, das Erikson als eine elementare Voraussetzung für die Persönlichkeitsentfaltung angesehen hat. Leider kann die Beziehung zu anderen Menschen dieses Defizit kaum mindern, da diese auch als Bedrohung empfunden werden. Insofern ist das Geld als ein unpersönlicher, verlässlicher Faktor für solche Menschen auch ein Stabilisator.

Wie sehr das Geld bei einem unsicheren Menschen zu einem regelrechten Lebenselixier werden kann, erfuhr auch eine Kollegin von mir. Bei ihr war ein junger Mann in therapeutischer Behandlung, der wegen erheblicher seelischer Probleme weder einen richtigen Schulabschluss noch eine Berufsausbildung absolvieren konnte. Freundschaften oder gar eine Partnerschaft hatte er auch nicht. Die Kollegin war schon froh, dass er es lernte, allein zu leben. Wenn er mit ihr sprach, dann am liebsten über Geld. Es war für ihn wichtig, dass er immer über 1.000 Mark in bar bei sich hatte, sonst fühlte er sich nicht sicher. Geld war für ihn etwas, das ihn stabilisierte, und außerdem ein unverfängliches Gesprächsthema.

Die meisten Menschen sind »normaler« als dieser schwierige Patient. Doch die Übergänge zwischen »normal« und »neurotisch« sind fließend. Und wir können gerade an extremen seelischen Strukturen etwas lernen, das uns alle betrifft. Denn die seelische Stabilisierung durch das Geld ist eine vermeintliche Lebenslösung, die wir alle kennen.

Das Streben nach Liebe

Bei vielen Menschen hat das Geld auch eine Liebesersatzfunktion. Bereits als Kinder haben sie mitunter erlebt, dass sie anstelle von Liebe materielle Geschenke bekommen haben. Oft hatten sie Eltern, die unter starken Schuldgefühlen litten, weil sie sich ihren Kindern nicht genügend widmen konnten. Nicht nur allein stehende, berufstätige Mütter, die wenig Zeit für ihre Kinder haben, neigen dann zu übermäßigen Geschenken. Es besteht die Gefahr, dass diese Kinder als Erwachsene sich zu wenig darum bemühen, sich Liebe zu »erarbeiten«. Denn Liebe ist immer auch das Ergebnis einer langwierigen Beziehungsarbeit. Man muss nicht nur umeinander werben und sich verstehen, sondern immer wieder auch Konflikte austragen und Kompromisse finden. Dies ist manchmal so schwierig und frustrierend, dass viele Menschen ihre enttäuschten Liebesbedürfnisse auf das Geld übertragen. Sie »lieben« dann das Geld, was sicher einfacher ist als der Umgang mit manchen Mitmenschen. Aber nach kurzer Zeit hat das Geld die Eigenart, dass wir uns wieder unbefriedigt und einsam fühlen.

Der Bankier Siegmund G. Warburg stellte sogar fest, die Liebe zum Geld sei oft eine Art sexueller Verwirrung. Er schrieb in seiner Autobiographie: »Oft, wenn ich in dieser verrückten Welt reise, begegne ich Menschen, die zum Geld ein wahrhaft erotisches Verhältnis haben, so leidenschaftlich wie zu einer blindlings geliebten Frau. Dieses Verhältnis ist mir schwer begreiflich. Aber es amüsiert mich. Der Stolz, den diese Menschen empfinden, wenn sie nach Belieben einen Scheck über ein, zwei Millionen ausschreiben, hat für mich etwas beinahe makabres an sich ...«[80]

Die Krise in der Lebensmitte

Die Bedeutung des Geldes spielt im Laufe eines Lebens oft eine recht wechselhafte Rolle. Es gibt Menschen, die beispielsweise im höheren Alter erkennen, dass das Geld nicht so wichtig ist. Doch es gibt auch Menschen, die nach einer Lebenskrise plötzlich verstärkt nach Geld streben. Dabei empfinde ich das Verhalten jener Menschen als besonders tragisch, die zunächst durchaus »Wichtigeres« anstrebten. Sie wollten hohe Ideale verwirklichen und bedeutende Ziele erreichen. Das Geld war für sie nicht so entscheidend. Doch das Erreichen von Idealen ist immer mühsam und oftmals von Rückschlägen begleitet. Und nicht selten muss man in der Lebensmitte feststellen, dass man sich weit von der Verwirklichung der gesetzten Ideale entfernt hat. Häufig resigniert man dann, wird zynisch und lächelt über die

Jugend, die noch die Kraft zum Träumen hat. Diese glaubt oft noch an die ideale Liebe, sieht einen Sinn im Leben, will für den Frieden in der Welt eintreten, engagiert sich für den Umweltschutz. Solch hohe Ziele streben die meisten Mittvierziger nicht mehr an. Erschöpft, verbraucht und enttäuscht wenden sie sich egoistischen Zielen zu. Instinktiv greifen sie zu Vorhaben, die einfacher zu erreichen sind.

Nun ist daran grundsätzlich nichts auszusetzen. Der Philosoph Jean Paul Sartre hat darauf hingewiesen, dass man sich durchaus einfachere Ziele suchen soll, wenn es Probleme mit einer schwierigen Aufgabe gibt. Viele Studenten fangen deshalb plötzlich an, ihre Fenster zu putzen, wenn sie mit der Diplomarbeit nicht weiterkommen. Und viele Ehefrauen greifen zum Staublappen, wenn wieder einmal ein kompliziertes Gespräch mit dem Ehemann misslungen ist. Diese Verlagerung der Kräfte auf ein einfacheres Ziel hat den Vorteil, dass wir wieder erleben, erfolgreich aktiv zu sein. Wir kommen aus der Ohnmacht heraus, die uns das Leben zu oft beschert. Doch dann kommt es darauf an, unsere Kräfte auch wieder dazu zu benutzen, die höheren Werte erneut anzustreben. Im gewissen Sinne ist dann das Fensterputzen und auch das Streben nach Geld eine Art Ruhezone, in der man auftanken kann.

Leider ist es so, dass vor allem viele Männer auf dieser Stufe stehen bleiben. Sie streben nur noch nach Geld, vergessen Ideale oder das Streben nach Glück und berauschen sich an der Steigerung ihres Vermögens. Plötzlich ist das Geld alles und der einzige Maßstab für den Lebenserfolg. Solange diese Männer den finanziellen Erfolg suchen, wird sich bei ihnen sogar ein gewisses Glück einstellen. Denn das Streben nach Geld gibt ihrem Leben einen Inhalt, ein Ziel. Es strukturiert ihr Leben und insofern ist es ein Beitrag zum Lebensglück.

Kritisch wird diese Lebensplanung, wenn der Betreffende irgendwann mehr fordert – letztlich arbeitet er ja, um ein tieferes Glück zu finden. Auch er sucht Wohlbehagen, soziale Anerkennung und Liebesglück. Da jedoch das Geld keine tief greifende Befriedigung verleiht, muss er sich immer höhere Dosen dieser »Medizin« zuführen, bis nur noch sehr hohe Summen zu einem kleinen Glücksgefühl führen.

Gelegentlich kommt es schließlich zu einer »Bilanzierung des Lebens«. Sehr aufmerksam vergleichen wir dann unsere Lebensinvestitionen mit den Erträgen und geraten dabei häufig in eine Krise. Denn wir stellen oft fest, dass wir es zumindest teilweise mit einer großen Fehlinvestition zu tun haben. Doch zu einer Veränderung braucht man wiederum sehr viel Kraft und Mut, den viele Menschen nicht besitzen. Und dies führt zu einer Resignation, die insbesondere die älteren Männer, die einmal bessere Tage erlebt haben, raffgierig und missmutig macht. Denn sie wollen für das entgangene Lebensglück und für ihre Enttäuschungen bezahlt werden und spüren, dass dies nicht möglich ist.

Die Folgen der Studentenbewegung

Die verstärkte Hinwendung zum Geld und die Abkehr von hohen Idealen ist nicht nur ein persönliches Schicksal. In der gesamten Gesellschaft hat sich in den letzten Jahrzehnten hinsichtlich des Geldes ein immenser Bedeutungswandel vollzogen.

In der Zeit der Studentenbewegung rebellierten viele junge Menschen gegen die Geldfixiertheit der älteren Generation. Nach dem hart erkämpften Wirtschaftswunder stellte die junge Generation immer dringlicher die Frage nach dem Sinn eines Lebens, dessen Erfolg bislang vor allem im Geld gemessen wurde. Das Wirtschaftswunder der 50er- und 60er-Jahre war nur möglich, indem der Aufbau der Städte und der Wirtschaft als zentrales gesellschaftliches Ziel angesehen wurde. Böll hat einmal gemeint, dieser Aufbau der Wirtschaft sei ein Krieg mit anderen Mitteln gewesen.

Gegen diesen einseitigen Lebensentwurf protestierte die nachfolgende Generation. Sie entwarf soziale Utopien, in denen das Geld und die Ökonomie nicht den höchsten Stellenwert innehatten. Es war eine Zeit des sozialen und geistigen Aufbruchs. Es wurde über die Überwindung von autoritären Strukturen und der Kleinfamilie diskutiert, die Sexualität enttabuisiert, die bisherigen Methoden der Kindererziehung in Frage gestellt. Die Ziele der antiautoritären Studentenbewegung waren so grundlegend, dass sie nicht von heute auf morgen zu verwirklichen waren. Der »lange Marsch durch die Institutionen« begann, der sich letztlich als schwieriger erwies, als es sich die »Idealisten« träumen ließen. Obwohl sie vieles veränderten, nutzte sich ihr Veränderungswille allmählich an den Widrigkeiten des Alltags ab.

In diesem ernüchternden Prozess sind viele der Faszination des Geldes erlegen. Sie sind ihren einstigen Idealen untreu geworden, haben sie verraten und glaubten auch noch, dass sie nun erwachsen geworden seien. Doch mich überzeugt das nicht. Ein übermäßiges Streben nach Geld vermag ich nicht als ein Ergebnis der notwendigen Ernüchterung begreifen. Ich stimme auch nicht jenen Zynikern zu, die in dem Scheitern der Ideale einen fast begrüßenswerten Vorgang sehen. Diese sind regelrecht erleichtert, wenn ihre Mitmenschen nun genauso phantasielos leben wie sie.

Aber auch jene »Dinosaurier der Studentenbewegung«, die an der Realisierung ihrer gesellschaftspolitischen und sozialen Ideale hartnäckig festgehalten haben, lernen inzwischen immer mehr die Macht des Geldes kennen. Da in den letzten Jahren nicht nur in den öffentlichen Haushalten gespart wird, machen sie die Erfahrung, dass es in vielen Lebensbereichen letztlich nur noch ums Geld geht. Ob im künstlerischen oder sozialen Bereich, bei der Förderung von

Schauspielern oder der Unterstützung von therapeutischen Projekten für Suchtkranke – überall wird gnadenlos der Rotstift angesetzt. Es geht nicht mehr um die Verwirklichung sozialer Ziele, um Kunst oder Kultur. Es geht nicht mehr um Ideale, sondern ums Geld. Bei dieser gesellschaftlichen Umwertung bleibt auch die Moral auf der Strecke. In Abwandlung eines Brecht-Gedichts könnte man sagen:

> *Das eine wisset ein für alle Mal,*
> *Erst kommt das Geld, dann kommt die Moral.*

Geld ist der Gott auf Erden

Unsere Gesellschaft läuft Gefahr, dass das Geld die Moral völlig verdrängt. Dadurch wird das gesamte soziale Leben vergiftet. Unsere Gesellschaft befindet sich bereits jetzt in einer tiefen Krise. Ein Teufelskreis beginnt seit Jahren zu wirken. Die Überbewertung des Geldes führt zwangsläufig zu mehr Rücksichtslosigkeit, denn der Mitmensch wird als Konkurrent empfunden und entsprechend behandelt. Dies verstärkt den ohnehin vorhandenen Trend zur sozialen Isolierung. Jeder zweite Deutsche gab bei einer Umfrage an, dass für ihn Einsamkeit ein Problem sei. Die sozialen Strukturen bröckeln, unsere Gesellschaft kann immer weniger Antworten darauf geben, wofür wir eigentlich leben.

Und so füllt das Geld das entstandene Orientierungsdefizit. »Die bürgerliche Gesellschaft ersetzt die Omnipotenz Gottes durch die Omnipotenz des Geldes«, stellt Niklas Luhmann fest. Auch deshalb reagieren die Kirchen so empfindlich auf die Anbetung des Geldes. Sie spüren die »Konkurrenz«, die vom Glanz des Geldes ausgeht. Schon Hans Sachs meinte im Mittelalter, Geld sei der Gott auf Erden. Obwohl vor allem die katholische Kirche immer vermögend war und ein sehr enges Verhältnis zum Geld hatte, muss sie deshalb den Reichtum ablehnen. Und so heißt es im Alten Testament: Eher kommt ein Kamel durch ein Nadelöhr, als dass ein Reicher in den Himmel kommt. Wer's glaubt, wird selig.

Indem das Geld zum modernen Götzen wird, nimmt das Geldverdienen und die »Zurschaustellung« materieller Güter einen immer größeren Stellenwert ein. Wir definieren unseren eigenen Wert immer stärker an unserem Vermögen bzw. Einkommen. Und wir bestimmen uns immer weniger durch unsere soziale Rolle und unsere Lebensinhalte. Denn in einer Gesellschaft, deren soziale Strukturen immer stärker auseinander fallen, geht es nicht mehr darum, welchen Wert meine eigenen Handlungen für andere haben, sondern um egoistische Geldinteressen.

Eine 1974 und 1992 durchgeführte Umfrage zeigt eine Wertverschiebung für diesen Zeitraum.

Den Sinn ihres Lebens sahen jeweils 100 Befragte in folgenden Bereichen:[81]

	1974	1992
Im Leben etwas zu leisten, es zu etwas bringen	54 %	41 %
Dass ich von meinen Mitmenschen geachtet werde, Ansehen habe	36 %	39 %
An meinem Platz mithelfen, eine bessere Gesellschaft zu schaffen	46 %	30 %
Ganz für andere da zu sein, anderen zu helfen	24 %	17 %

Der Wunsch nach gesellschaftlichem Ansehen ist also gestiegen, doch die Bereitschaft, für andere da zu sein oder an einer besseren Gesellschaft mitzuwirken, ist dramatisch gesunken. Diese »Lebensrechnung« kann auf Dauer nicht aufgehen.

Das Geld als Ersatzhandlung

An die Stelle tiefer menschlicher Beziehungen, der Freude am Beruf, des Interesses an Kunst und Kultur tritt zunehmend das Streben nach Geld. In einem Interview klagte daher ein Vermögensberater, das Geldverdienen werde immer mehr zum Selbstzweck: »Es geht nicht mehr darum, ob ich in meinem Beruf gut bin. Es geht nur noch darum, ob ich der größere ›Hirsch‹ bin. Das Geld ist eine Ersatzhandlung, weil alles so sinnentleert ist. Wir suchen unsere Anerkennung durch das Geld. Es ist ein Armutszeugnis für unsere Gesellschaft, dass man das Geldverdienen an eine so hohe Stelle setzt.« Ganz neu ist diese Kritik allerdings nicht. Antoine de Saint-Exupéry mahnte bereits in den 30er-Jahren: »Die Größe eines Berufes besteht vor allem anderen darin, daß er Menschen zusammenbringt. Es gibt nur eine wahrhafte Freude: den Umgang mit Menschen. Wenn wir nur für Geld und Gewinn arbeiten, bauen wir uns ein Gefängnis ... Geld ist nur Schlacke und kann nichts schaffen, was das Leben lebenswert macht ... Die Freundschaft ist nicht käuflich, man erhandelt sich keinen Mitkämpfer, an den einen gemeinsam bestandene Prüfungen binden. Das Wiedererleben der Erde nach einem schweren Flug, die Bäume, die Blumen, die Frauen, deren Lächeln wie neugefärbt ist durch das Leben, das uns mit dem Morgen neu geschenkt wurde, dieses Allerlei von kleinen Dingen, die unser Lohn sind, auch sie lassen sich nicht für Geld erwerben.«[82]

Solche echten Befriedigungen verleiht das Geld nicht. Wenn wir unmittelbar nach Geld streben, hat dies daher immer nur eine Ersatzbefriedigung zur Folge. Denn die eigentlichen Sinnlosigkeitsgefühle werden durch das Geld nicht gemildert. Deshalb tritt auch kein Gefühl der Sättigung ein, wenn wir viel Geld erworben haben. Nie gibt es das Signal: Genug! Das berühmte Goethe-Wort »Verweile doch, du bist so schön« trifft für das Gelderlebnis nicht zu. Insofern hat Schopenhauer Recht, wenn er meint, Geld sei wie das Meerwasser für den Durstigen. Je mehr jemand von der salzigen Flüssigkeit des Geldes trinke, desto durstiger werde er. Zum Schluss werde er sogar Millionär.

Die Reden des Südseehäuptlings Tuiavii

Die Überschätzung des Geldes ist uns kaum bewusst. Sie ist uns so vertraut und hat sich wie eine schleichende Krankheit so in unser Leben eingenistet, dass sie uns als selbstverständlich erscheint. Um mehr über die Bedeutung des Geldes in unserem Leben aussagen zu können, müssen wir daher größeren Abstand zu unserer Gesellschaft bekommen. Insofern ist es sinnvoll, einen Fremden zu befragen, wie er die Rolle des Geldes bei uns sieht. Aufschlussreich ist beispielsweise die Aussage des Südseehäuptlings Tuiavii: »Sprich einem Europäer vom Gott der Liebe – er verzieht sein Gesicht und lächelt. Lächelt über die Einfalt deines Denkens. Reich ihm aber ein blankes, rundes Stück Metall oder ein großes, schweres Papier – alsogleich leuchten seine Augen, und viel Speichel tritt auf seine Lippen. Geld ist seine Liebe, Geld ist seine Gottheit. Sie alle die Weißen denken daran, auch wenn sie schlafen. Es gibt viele, deren Hände sind krumm geworden und gleichen in ihrer Haltung den Beinen der großen Waldameise vom vielen Greifen nach dem Metall und Papier. Es gibt viele, deren Augen sind blind geworden vom Zählen des Geldes. Es gibt viele, die haben ihre Freude hingegeben um Geld, ihr Lachen, ihre Ehre, ihr Gewissen, ihr Glück, ja Weib und Kind. Fast alle geben ihre Gesundheit dafür hin … Das Geld allein ist der wahre Gott des Papalagi, so dies Gott ist, was wir am höchsten verehren.«[83]

Die Armen werden immer ärmer, die Reichen immer reicher

Wie ein Krebsgeschwür breitet sich das Geld in unserem Leben aus. Es zerreißt unsere Gesellschaft und zerstört ihre Solidarität. Seit Jahren befinden wir uns in einer Phase extremer gesellschaftlicher Umgestaltung: Die Armen werden immer ärmer, die Reichen immer reicher. Seit 1980 ist das Einkommen aus Geldvermögen ständig gestiegen – und die Zahl der Sozialhilfeempfänger hat sich fast verdoppelt. Fast fünf Millionen Bundesbürger leben inzwischen von den Zahlungen der Arbeitslosenkasse, über zwei Millionen von der Sozialhilfe. Und die Realeinkommen für weite Bevölkerungsschichten sinken. Im reichen Deutschland gibt es inzwischen rund 7,25 Millionen Menschen, deren Monatseinkommen unter 1.000 Mark liegen. Gleichzeitig gibt es immer mehr Superreiche. Nach Angaben des Magazins *Forbes* gibt es rund 400 Bundesbürger, die mehr als 200 Millionen Mark besitzen. Fast 100 Deutsche haben eine Million Jahreseinkommen oder mehr. 10 % der Bevölkerung besitzen mehr als die Hälfte des gesamten Vermögens.

Unsere Gesellschaft beginnt auseinander zu driften.

Verhältnisse wie in den USA?

In den Industrieländern bestand schon immer eine sehr ungleiche Verteilung des Vermögens. Selbst wohl gemeinte Programme zur Vermögensbildung in Arbeitnehmerhand haben wenig daran ändern können. Doch fast immer haben die Arbeiter vom allgemein steigenden Wohlstand durch steigende Löhne profitiert. Doch nun erleben wir die beunruhigende Tatsache, dass die Vermehrung des Reichtums weniger Menschen durch sinkende Löhne von Angestellten und Arbeitern erkauft wird.

Wir sind in Gefahr, ähnliche gesellschaftliche Verhältnisse zu bekommen wie die USA und England, wo in den Städten Armut und Reichtum sichtbar hart aufeinander prallen. Darauf steuern auch wir zu, und wir müssen uns auf die damit verbundenen sozialen Konflikte einstellen. Es führt zwangsläufig zu Spannungen, wenn seit 1979 die Realeinkommen für 60 % aller Amerikaner zurückgegangen sind, das untere Fünftel der Bevölkerung eine Einkommenseinbuße von 17 % hinnehmen musste und das obere Fünftel einen Einkommenszuwachs von 18 % verbuchen konnte. Die soziale Gerechtigkeit bleibt dabei auf der Strecke.

Die Armutsentwicklung in Deutschland

Im Armutsbericht des Deutschen Gewerkschaftsbundes und des Paritätischen Wohlfahrtsverbands von 1994 wird warnend darauf hingewiesen, dass wir in Deutschland seit 20 Jahren eine dynamische Armutsentwicklung zu verzeichnen haben. Noch gibt es zwar eine Mittelschicht und Sozialgesetze, die ein Abgleiten in die völlige Armut verhindern sollen, doch sind bereits beunruhigende Entwicklungen zu beobachten, die ich als Bewohner eines sozial sehr gemischten Berliner Bezirks ständig vor Augen habe. Früher war die Armut in dem nahe gelegenen Kiezgebiet sehr versteckt. Man traf gelegentlich Obdachlose und heruntergekommene Alkoholiker, aber im Wesentlichen war Armut ein Thema der Sozialämter und Behörden. Ansonsten war sie kaum sichtbar. Doch neuerdings wird sie zunehmend öffentlich. Beispielsweise wurde vor kurzem vor einer großen Kirche gebrauchte Unterwäsche verschenkt. Viele Frauen griffen entschlossen zu und gingen mit einer großen gefüllten Tüte nach Hause. Dadurch bekannten sie sich öffentlich dazu, bedürftig zu sein. Ich hatte den Eindruck, dass hier eine Schamgrenze überschritten war. Diese Entwicklung hat mich noch nachdenklicher gemacht als die vielen Obdachlosen, Bettler und Alkoholiker, die vermehrt im Kiez zu sehen sind. Denn meine Befürchtung ist, dass es inzwischen eine Entwicklung der alltäglichen Armut gibt, an die wir uns selbst in der Öffentlichkeit längst gewöhnt haben.

Die Internationale des Kapitals

Die zunehmende Armut ist die Folge eines weltweiten Umwälzungsprozesses. Fast überall in der Wirtschaft wird rationalisiert und mit Verweis auf die Weltwirtschaft die Produktivität erhöht. Die Folgen wurden im Grundsatzprogramm des Gewerkschaftskongresses in Dresden 1996 klar aufgezeigt: »Der weltwirtschaftliche Umbruch führt zu verschärfter Konkurrenz zwischen den Industrieländern einerseits, zu einem ruinösen Wettbewerb um Standortvorteile zwischen Industrie- und Schwellen- sowie Entwicklungsländern andererseits ... Globalisierung und Deregulierung lösen Umbrüche in der Arbeitswelt aus, die Massenarbeitslosigkeit erhöhen und soziale Spaltung vertiefen ...«

Bei den wichtigsten politischen Kräften zählt heute fast ausschließlich nur noch das Interesse der Wirtschaft. Die Kraft der Gewerkschaften gleicht dagegen der eines fußlahmen Tigers. Während sie früher die Idee einer internationalen Arbeiterbewegung vertraten, sind es heute die Unternehmen, die sich international verhalten. Wir leben in einem Zeitalter, in dem über 40.000 transnationale Unternehmungen den Ton angeben. Sie zwingen die nationalen Regierungen dazu, Subventionen bereitzustellen, Löhne und Steuern zu senken. Ist ihre Politik nicht unternehmerfreundlich genug, wird die Arbeit, wird das Kapital in andere Länder transferiert. Die multinationalen Konzerne sind die eigentlichen Herren dieser Welt geworden. Ihre zunehmende Machtfülle drückt sich auch in steigenden Gewinnen aus. Die Multikonzerne der »Global 500«, die vom amerikanischen Magazin *Forbes* jährlich begutachtet werden, steigerten 1995 ihren Umsatz um 11 %, ihren Gewinn um 15 %, und 1994 stieg ihr Gewinn sogar um 62 %.

Wir sind keine soziale Einrichtung

Gewinnsteigerungen der Großkonzerne sind immer auch das Resultat einschneidender Rationalisierungen, Entlassungen und Kosteneinsparungen. Nun ist es die Aufgabe eines Unternehmens, sparsam zu wirtschaften und Gewinne zu erzielen. Sie seien keine soziale Einrichtung, betonte kürzlich ein Siemens-Manager, als er auf mögliche Entlassungen und Betriebsschließungen angesprochen wurde. Trotzdem ist es bedenklich, wie die Gewinne der Unternehmen mit der Steigerung der Arbeitslosenziffern einhergehen. Das spiegelt sich in der wahrhaft perversen Situation, dass die deutschen Aktienkurse sprunghaft steigen, wenn wieder Entlassungen im großen Stil angekündigt werden. Die hohe Arbeitslosigkeit ist ein Signal dafür, dass die Zinsen niedrig bleiben, da die Wirtschaft offenbar nicht auf Hochtouren läuft. Diese niedrigen Zinsen freuen den Börsianer, da sie angesichts fehlender anderer Anlagemöglichkeiten Kurssteigerungen bei den Aktien bedeuten. Doch die hohen Arbeitslosenziffern zeigen auch, dass in den Unternehmungen »abgespeckt« wurde und dass große Gewinne winken. Im Zeitraum vom Januar 1996 bis Ende Juni 1997 stieg deshalb der deutsche Aktienindex um über 60 %. Dieser Rekordwert verwundert selbst Profis und führt dazu, dass sich jeder »dumm und dusslig verdient«, der geschickt an der Börse spekuliert.

Wir steuern auf eine unsoziale Gesellschaft zu, in der Rücksichtslosigkeit und Egoismus ihre Triumphe feiern. Seit mit dem Fall der Mauer der Kapitalismus seinen ideologischen Gegenspieler eingebüßt hat, kennt er keine Grenzen mehr. Es gibt keine Schamgrenzen mehr, rücksichtslos Gewinne zu machen. »Das Streben nach Gewinn muß sich nicht länger maskieren; es kann sich, ob am › Glücksrad‹ oder an der Börse, schamlos und öffentlich zur Schau stellen.« Denn »Habgier ist von der Gesellschaft abgesegnet (und) hält das große Rad der wachstumsorientierten Weltwirtschaft in Gang.«[84]

Die Solidarität bleibt auf der Strecke

In sozialen Umbruchzeiten gibt es immer eine Grundstimmung von Angst und Panik. Und genau von dieser angstgeprägten Panik sind bereits seit Jahren viele Menschen erfasst. Ihnen geht es beruflich darum, die eigene Haut zu retten. Sie haben nur ein Ziel: selbst nicht arbeitslos zu werden. Jeder ist sich dabei selbst der Nächste und nimmt teil am Verdrängungswettbewerb.

Dabei gehen jene Solidarität und jener soziale Friede verloren, die früher einmal als unverzichtbares Sozialkapital angesehen wurden. Diese Solidarität wirkte beruhigend bei allen notwendigen Veränderungen. Sie gab den Menschen die Gewissheit, sich auch in Notlagen auf das Sozialsystem verlassen zu können. Diese Gewissheit schrumpft, was letztlich zu einer Gesellschaft führt, in der jeder mehr oder minder für sein eigenes Glück verantwortlich ist. Wer es schafft, hat die Chance, reich zu werden. Wer es nicht schafft, versinkt in Armut. Wir erleben hier einen dramatischen gesellschaftlichen Wandel, hin zu einer fast ungebremsten kapitalistischen Gesellschaftsordnung. Und dieser Wandel ereignet sich mit einer beunruhigenden Geschwindigkeit, ohne dass darüber große öffentliche Diskussionen stattfinden.

Geld als Stütze in der Gesellschaft

Indem wir uns immer weniger aufeinander verlassen können, wird das Geld zum Schutzheiligen. Mit Hilfe des Geldes sichern wir uns gegen Notfälle ab. Die Versicherungsunternehmen verdienen sich »eine goldene Nase« daran. Hier erkaufen wir uns etwas, was mitunter eher durch familiäre, nachbarschaftliche oder freundschaftliche Hilfe geleistet werden müsste. Doch damit eine solche Hilfeleistung in Notfällen tatsächlich gewährleistet ist, müssen wir viel in jungen Jahren in Freundschaften, eine Partnerschaft und Familienbeziehungen »investieren«. Simone de Beauvoir meinte, dass man spätestens mit 40 Jahren damit beginnen müsse, damit man im Alter davon »profitieren« könne. Das erfordert zwar einen hohen seelisch-sozialen Einsatz, wird aber auch mit einem hohen Maß an sozialer Sicherheit belohnt. Doch die meisten Menschen sind dazu heutzutage nicht mehr fähig und suchen etwas im Geld, was sie im zwischenmenschlichen Bereich nicht mehr bekommen.

Froh schlägt das Herz im Reisekittel,
vorausgesetzt, man hat die Mittel.

Wilhelm Busch

Der schwierige Umgang mit Geld

Wir neigen entweder dazu, das Geld zu überschätzen, oder wir fallen ins andere Extrem und halten es für unwichtig. Doch wenn wir beim Umgang mit Geld eine vernünftige Einstellung erreichen wollen, müssen wir vor allem besonnen bleiben. Es ist ein beliebtes »Totschlagargument«, dass man von einer Sache zunächst alles verlangt, um dann festzustellen, es sei nichts wert. In dieser Weise argumentiert man bevorzugt beim Thema Geld. Nun macht Geld allein bekanntermaßen weder glücklich, noch kann man sich damit Liebe oder Freundschaft kaufen. Trotzdem dürfen wir das Geld nicht gering schätzen. Wir müssen vielmehr pragmatisch denken und anerkennen, dass Geld eine unverzichtbare Elementarkraft unseres Lebens ist. Für die Verwirklichung fast aller Lebensziele müssen wir auch Geld investieren. Insofern kann es verhängnisvolle Folgen haben, wenn Menschen keinen angemessenen Umgang mit dieser Kraft erlernt haben. Einen mangelnden Geldsinn würde ich sogar als neurotisch betrachten.

Dies war auch die Überzeugung des Psychotherapeuten Harald Schultz-Hencke, der sich vor allem mit der Hemmung

169

des Menschen beschäftigt hat. Er beobachtete, dass beim gehemmten Menschen vor allem drei Lebensbereiche gestört sind: Besitz, Sexualität und Geltung. Typisch für diese drei Bereiche ist, dass man sich in ihnen verlieren kann. Anders ausgedrückt: Man kann grenzenlos sexuelle Begierden oder Geltungswünsche ausleben und Besitztümer anhäufen. Diese Gefahr der Entgrenzung hat Menschen schon immer geängstigt. Deshalb wurden zum Beispiel den Mönchen gerade auf diesen Bereichen die drei Tugenden Armut, Keuschheit und Gehorsam auferlegt.

Geld ist Charaktersache

Um diese drei Lebensbereiche auch nur halbwegs glücklich zu lösen, benötigt man sehr viel Geschicklichkeit. Geld gehört daher – ebenso wie die Sexualität und die soziale Stellung in der Gesellschaft – zu den drei wichtigsten Prüfungen der Lebenstauglichkeit. Das Ergebnis dieser Prüfung zeigt, wie sehr wir auf dem Boden der Lebensrealität stehen, uns anpassen können und die Spielregeln der Gesellschaft beherrschen. Wer in einem dieser Bereiche Schwierigkeiten hat, wird auch in den anderen nicht gut abschneiden. Denn es gibt eine Einheit der Persönlichkeit: Jeder von uns hat eine bestimmte Art, die Lebensfragen zu beantworten. Sind diese Antworten eigenwillig, ungewöhnlich oder ungeschickt, zieht sich das meist durch alle Lebensbereiche hindurch. Es ist gleichsam so, als wäre unser ganzes Leben von einer Melodie erfüllt, die sich ständig wiederholt. Diese Melodie ist der universelle Schlüssel zu den Geheimnissen unseres Lebens. Wer sie zu hören vermag, kennt sein gesamtes Lebensmuster. Und um diese Lebensmelodie zu verstehen, müssen wir nur einige Töne dieser Musik »hören«.

Dass alle Lebensäußerungen miteinander zusammenhängen und ein kompaktes Geflecht bilden, bedingt, dass es auch schwer ist, einzelne Angewohnheiten zu ändern. Vor allem das Geldverhalten lässt sich nicht einfach durch simple Ratschläge beeinflussen. Weil es in den tieferen Schichten der Persönlichkeit verankert ist, können wir es nicht von heute auf morgen korrigieren. Deshalb kommen Kurse, die einen vernünftigen Umgang mit Geld vermitteln wollen, immer vor allem jenen zugute, die ihn zumindest ansatzweise schon haben. Wer jedoch in seinem Geldverhalten neurotische Züge aufweist, müsste eigentlich sein gesamtes Leben ändern, damit das Geld einen anderen, angemessenen Stellenwert bekommt.

Ich erlebe oft in Freundschaften, dass der Umgang mit Geld Besorgnis erregend ist. Gute Freunde, die freiberuflich arbeiten, haben oftmals keine ausreichende Vorsorge für das Alter und für Notfälle getroffen. Andere leben viel zu geldfixiert. Doch alle entsprechenden Hinweise sind im Prinzip unnütz, denn letztlich liegt das Problem tiefer und kann nicht nur auf der Geldebene gelöst werden.

Die drei Faktoren des Geldes

Wie jemand seine Geldangelegenheiten regelt, hängt also mit seiner gesamten Lebensführung zusammen. Insbesondere sind folgende drei Faktoren für das Geldverhalten entscheidend:

○ *Leistungssubstanz:* Womit verdiene ich mein Geld?
  Dazu zählt die gesamte Arbeitsleistung eines Menschen, seine Kreativität, Ausdauer und Tüchtigkeit.
○ *Vitale, bodenständige Wachstumskräfte:* Wie intensiv begehre ich Geld?
  Die bodenständigen Wachstumskräfte zeigen sich vor allem im sexuellen Triebleben, beim Essen und beim Geld. Denn diese drei Lebenskräfte sind immer auch ein Zeichen der

Verwurzelung in der Welt. Und sie sind ein Hinweis darauf, wie stark das Begehren und Habenwollen eines Menschen ist.

Bei allen kreativen Menschen sind diese bodenständigen, weltlichen Kräfte nicht nur eine Ergänzung, sondern auch der sichernde Gegenpol für die Verwirklichung der meist recht komplizierten Idealvorstellungen. Fehlen Erotik, sinnenfrohes Essen und Trinken und ist das Geldverlangen gering, muss angesichts einer zu geringen »Bodenhaftung« immer mit ausgeprägten Krisen gerechnet werden.

○ *Anpassungsbereitschaft:* Wie erfülle ich die finanziellen Spielregeln der Gesellschaft?

Es wird nur jener Geld verdienen, der sich an die Wünsche und Vorstellungen der Gesellschaft anpasst. Er muss die finanziellen Spielregeln dieser Welt kennen und sie beherrschen und darf nicht wie ein weltfremder Sturkopf durchs Leben gehen. Wer nicht bereit ist, die vorhandenen Spielregeln einzuhalten, wird meist scheitern – nicht nur finanziell.

Wie wichtig die Bewältigung dieser drei Geldfaktoren ist, zeigt das Leben des holländischen Malers Vincent van Gogh. Letztlich scheiterte er, weil er den elementaren Herausforderungen des Geldes nicht gewachsen war.

Das unglückselige Leben Vincent van Goghs

Van Gogh begann erst sehr spät damit, sich die Fähigkeiten des Malens anzueignen. Er war damals 27 Jahre alt und lebte bereits seit vier Jahren von der Unterstützung seiner Familie. Seine Ausbildung dauerte lange, denn immer war er in seiner Malkunst und Lebensweise radikal. Er war nicht bereit, sich den Spielregeln der Gesellschaft anzupassen, sondern lebte in einer armseligen Hütte wie ein Heiliger. Sein jüngerer Bruder machte sich Sorgen und riet ihm, einen bürgerlichen Beruf zu ergreifen. Empört wies Vincent dieses Ansinnen von sich und schrieb dem Bruder: »Wenn ich ernstlich annehmen muß, daß ich Dir oder der Familie hinderlich oder zur Last bin ... so daß es besser wäre, ich existierte überhaupt nicht ... dann muß ich mit der Verzweiflung kämpfen.«[85]

Zu diesem Zeitpunkt war er bereits 28 Jahre alt und hatte noch keine sexuellen Erfahrungen gemacht. Zwar hatte er sich in eine junge, hübsche Witwe verliebt. Aber sie machte ihm deutlich, dass sie ihren verstorbenen Mann nicht vergessen konnte. Auch hier konnte sich Vincent nicht mit den Realitäten abfinden. Er verhielt sich schließlich so bedrängend, dass die begehrte Frau das Haus verließ, wenn er sie besuchen wollte. Vincent hatte somit nicht nur zum Geld kein realistisches Verhältnis, sondern auch zur Liebe. Wer sich mit 28 Jahren so uneinsichtig verhält, ist meist eigensinnig und unsicher zugleich. Es fehlt ihm jene innere Sicherheit, aber auch Anpassungsbereitschaft, die notwendig ist, um sich innerlich mit einem anderen Menschen zu verbinden.

Vincent war ein seelisch zerrissener Mensch. Bevor er zur Welt kam, hatte die Mutter bereits eine Totgeburt hinter sich und sie wird Vincent mit bangen Gefühlen erwartet haben. So wurde er ein ängstliches Kind, das zudem die hoch gesteckten elterlichen Erwartungen erfüllen musste. Das ergab bei Vincent fast zwangsläufig ein unrealistisches Verhältnis zur Welt.

Schließlich fand van Gogh eine Prostituierte, die ihm zunächst Modell gestanden hatte und dann seine Geliebte wurde. Er erhoffte sich durch sie ein häusliches Glück, wollte sie ändern und fragte sich: »Sie hat nie gesehen, was gut ist – wie kann sie da gut sein?« Am Ende scheiterten seine

Bemühungen, und als sie wieder »anschaffen ging«, trennte er sich von ihr.

Finanziell ging es van Gogh schließlich leidlich gut. Der Bruder war Kunsthändler, zahlte ihm eine monatliche Unterstützung und bekam dafür die unverkäuflichen Bilder. Trotzdem ist die Situation für Vincent völlig unbefriedigend. Dass sich seine Bilder nicht verkaufen, ist für ihn eine schwere Demütigung. Er will unbedingt Anerkennung, arbeitet wie verrückt und fährt schließlich mit 34 Jahren nach Arles. Dort arbeitet er manisch weiter und freut sich auf den Besuch von Paul Gauguin, der damals schon großen Erfolg hat. Dessen Bilder entsprechen dem Zeitgeschmack. Und dieser anpassungsfähige Frauenheld, der früher als Börsenmakler gearbeitet hat, kritisiert alle Bilder van Goghs. Dieser gerät daraufhin in eine Krise, und in einem Anfall von Selbstaggression schneidet er sich ein Ohr ab. Er ist ein gebrochener Mensch, der vergeblich alles auf seine Kunst gesetzt hat. Er will nicht mehr glauben, dass er eine Daseinsberechtigung hat. Denn er misst seinen Lebenserfolg ausschließlich am Geld.

Der finanzielle Erfolg – auf einer Ausstellung wird eines seiner Bilder verkauft – kommt zu spät. Zwar malt Vincent weiterhin, aber er stellt mit erschreckender Logik fest, es wäre wahnsinnig, dass er weiter Bilder male, »die uns soviel kosten und nichts einbringen, nicht einmal die Gestehungskosten ...« Schließlich bekennt er dem Bruder: »Wenn ich Deine Freundschaft nicht hätte, käme es dahin, daß ich ohne Gewissensbisse Selbstmord beginge ...«[86] 1890 erschießt er sich im Alter von 37 Jahren. 100 Jahre später werden für seine Bilder Millionen gezahlt.

Van Gogh ist sicherlich ein extremes Beispiel für ein finanzielles Scheitern, das aber keineswegs ungewöhnlich ist. Kürzlich traf ich eine 40-jährige Frau, die früher als Sozialarbeiterin tätig war. Sie war aus dem Beruf ausgestiegen, weil ihr die Arbeit mit den Klienten lästig war und sie sich mit den Kollegen nicht verstand. Sie hatte immer eine Lebensidee im Kopf – sie wollte Sängerin werden. Obwohl ihr das nicht gelang, war sie nicht bereit, sich nach den Spielregeln des Lebens zu richten. Nicht nur beruflich, auch in der Liebe war sie gescheitert. Von den Männern hatte sie sich zurückgezogen, und im früheren Kollegenkreis galt sie immer als wenig realitätstauglich und eigensinnig. Über ihre finanzielle Situation berichtete sie mir: »Mein Geld gleitet mir durch die Hände. Ich habe nichts mehr und werde bald Sozialhilfe beantragen müssen.«

Der Milliardär Paul McCartney

Es stellt sich für uns immer die Frage, wie weit wir uns den Lebensrealitäten anpassen, andererseits aber auch über sie hinauswachsen und etwas Neues schaffen. Wie dies gelingen kann, zeigt der finanzielle Erfolg von Paul McCartney. Er ist geradezu die Verkörperung für den genialen Umgang mit Geld. Denn er hat nicht nur ein neues, spannendes Kapitel in der Musikgeschichte geschrieben, sondern ist heute Milliardär.

Eine wichtige Voraussetzung für diesen finanziellen Erfolg besteht in der Fähigkeit McCartneys sich anzupassen, ohne sich aufzugeben. Das konnte er schon als Kind. Wenn es zu Hause Schwierigkeiten gab, verhielt er sich still und geschickt. Bei den seltenen Anlässen, wenn er doch einmal geschlagen wurde, schwor er sich heimlich Rache. »Jedesmal wenn ich verprügelt wurde, weil ich böse geworden war, schlich ich ins Schlafzimmer und riß den Spitzenvorhang am Saum ein wenig ein, nur ein bißchen. Und dabei dachte ich dann immer: ›Jetzt hast du's ihnen aber gegeben.‹«[87]

Als McCartney 15 Jahre alt geworden war, schloss er sich einer Band an, die von John Lennon gegründet worden war. So unterschiedlich die Beatles waren – eines wollten sie alle: Erfolg. Und so akzeptierten die Beatles, dass ihnen ihr Manager Epstein seine Vorstellungen »überstülpte«: Er wollte vor allem das Image der Beatles verändern. So legten sie ihre Lederklamotten und ihre unfeinen Bühnensitten ab und vermittelten in den Medien das Bild der netten Jungs von nebenan, die jedermann gern hat. Dabei waren sie immer eine Band, in der deftige Späße an der Tagesordnung waren. Lennon erschien einmal nackt mit einer Klobrille um den Hals auf der Bühne und urinierte, als gerade einige Nonnen vorbeigingen, aus dem Fenster.

Trotz solcher Verrücktheiten traten die Beatles nach außen hin als die liebenswürdigen vier Jungs auf. Vor allem Paul hatte zwei Lebensziele: Geld verdienen und sich wohl fühlen. Letzteres zeigte sich auch bei seiner enormen Ausstrahlung auf Frauen. Er war das Mitglied der Beatles, das von den jungen Frauen auch erotisch am heftigsten begehrt wurde. Paul nutzte dies weidlich aus. Er war ein sehr sinnlicher Mensch, und Treue bedeutete ihm nicht viel.

Finanziell übers Ohr gehauen

Dabei war das Geldverdienen für die Beatles zunächst nicht so einfach. Bei ihrer ersten Tournee durch Schottland ging ihnen das Geld aus und bei ihrem ersten Aufenthalt in Deutschland spielten sie für wenig Geld in einem ehemaligen Stripteaselokal. Auch die erste Amerikareise war ein finanzieller Flop, denn ihr Manager Epstein hatte die Auftrittshonorare so weit reduziert, dass ihnen ein Minus von 30.000 Dollar drohte. Selbst bei der Vermarktung der Beatlesprodukte wurden sie »betrogen«. Es gab von Beatles-Perücken bis hin zu Beatles-Eierbechern eine Vielzahl von Artikeln, die reißenden Absatz fanden. Zu ihrer Vermarktung wurde extra eine Firma gegründet, wobei die Beatles nur den kläglichen Anteil von 10 % des Gewinns bekamen.

Währenddessen stieg ihr Erfolg in der Musikszene. Am 31. März 1964 belegten sie die ersten fünf Plätze der US-Charts. Doch die Beatles waren die letzten, für die sich dieser Erfolg auszahlte. Die Verträge ihres Managers waren miserabel, und dass er im August 1967 Selbstmord beging, war sicherlich auch darauf zurückzuführen. Bei dem Geld, das ihnen – dennoch – zufloss, verloren sie zudem die Übersicht. Als einmal ein Bekannter die Schranktür von Paul McCartney öffnete, flatterten ihm 100.000 Pfund in Bargeld entgegen, damals mehr als eine Million DM.

Doch geldtüchtig war McCartney schon immer. Er kaufte sich beispielsweise heimlich Anteile an einer gemeinsamen Firma und war daher stärker an ihren Erfolgen beteiligt. Diesen Sinn für Geld entwickelte er noch intensiver, als sich die Beatles trennten. Er gründete die Wings, kümmerte sich nun eigenständig um seine Geldangelegenheiten und engagierte Denny Laine, der in den 60er-Jahren ein bedeutender Sänger und Songschreiber gewesen war. Als Laine zum wiederholten Male in Finanznöten war, kaufte ihm McCartney alle Rechte für die Songs, die dieser für die Wings geschrieben hatte, für den Spottpreis von 90.000 Pfund ab.

Inzwischen ist Paul Milliardär, gibt gelegentlich eine Platte heraus und darf sich »Sir« nennen. Ansonsten lebt er zurückgezogen auf seiner Farm. Dass er finanziell so erfolgreich war und ist und trotz seiner Erfolge nicht abhob, ist auch seiner großen Bodenständigkeit zuzuschreiben. Immer blieb er seiner Familie eng verbunden. Er schenkte seinem Vater ein wertvolles Haus in einer schönen Gegend, ein Rennpferd und eine Lebensrente. Er legte immer Wert auf die englischen

Traditionen, in denen er aufgewachsen war, und spendet sehr viel Geld für wohltätige Zwecke.

Um seine Bodenständigkeit zu behalten, überzeugte Paul seine kürzlich verstorbene Frau Linda, die Hausarbeit selbst zu erledigen. So absurd es klingen mag: Für den Milliardär war es lebenswichtig, dass sie kochte und bügelte. Denn gefangen in einem Kokon von Reichtum und Ruhm war dies die einzige Form der Wirklichkeit, die er kannte.

Der erfolgreiche Unternehmer

Persönlichkeiten wie Paul McCartney gibt es nicht nur in der Musik. Sie begegnen uns in allen Lebensbereichen und zeichnen sich besonders durch drei Charaktereigenschaften aus: Sie sind kreativ, kennen die sozialen und finanziellen Spielregeln und verfügen über sehr vitale Eigenschaften.

Am beeindruckendsten fand ich hier in den letzten Jahren einen knapp 30-jährigen Mann in meinem Bekanntenkreis. Er hatte Informatik studiert und schon während des Studiums eine Firma gegründet, die sich die Datenspeicherung zur Aufgabe gestellt hatte. Er ist ein sympathischer junger Mann und wenn er von seiner Firma spricht, ist er davon immer regelrecht begeistert. Er kennt die Marktchancen: Seine Firma bietet jeweils jene Produkte an, die in der Branche sehr gut bezahlt werden. Es geht ihm zwar nicht nur ums Geld, aber er hat zum Geld eine durchaus sinnliche Einstellung. Und diese bodenständig-sinnliche Einstellung prägt sein ganzes Leben. Er ist mit einer sehr hübschen, liebenswürdigen jungen Frau zusammen. Als ich ihn nach seinem Erfolgsrezept fragte, sagte er mir kurz und bündig: »Ich arbeite gern und biete etwas Neues an, das gebraucht wird. Und ich habe ein Händchen für Geld. Inzwischen ist meine Firma mehr als eine halbe Million wert.«

Der gehemmte Mensch

Das Wesen einer Sache liegt im Unterschied, pflegte der bedeutende Philosoph Ludwig Feuerbach zu sagen. Deshalb kann man den finanziellen Erfolg lebenstüchtiger Menschen am besten verdeutlichen, wenn man ihn mit dem Verhalten gehemmter Menschen vergleicht. Dieser Vergleich ist insofern interessant, als die Hemmung die verbreitetste Grundstörung unserer Zeit ist.

Auffällig ist zunächst, dass die Geldeinstellung der gehemmten Menschen im völligen Gegensatz zu dem sinnenfrohen und geldbetonten Leben beispielsweise von Paul McCartney steht. Denn gehemmten Menschen fehlt jegliche Vitalität des Lebens. Sie kennen nicht die von Begierde geprägte Erotik, das kräftige Geltungsstreben und das Begehren des Geldes. Letztlich sind sie in allen Lebensbereichen zurückhaltend. Auch ihre Geldeinstellung ist im Wesentlichen von Angst und Unbeholfenheit geprägt. Geld hat für sie vor allem den Aspekt der Sicherheit, sie sind deshalb auch die typischen Sparer.

Dem gehemmten Menschen fehlt das nachdrückliche Verlangen, aus seinem fleißig verdienten Geld mehr zu machen. Er hat große Schwierigkeiten, den Chef um eine Gehaltserhöhung zu bitten oder gar an der Börse zu spekulieren. Vor allem bereitet es dem gehemmten Menschen große Probleme, Schulden zu machen. Er ist stolz darauf, dass er noch nie einen Kredit aufgenommen hat, und bezieht große seelische Sicherheit daraus, dass seine Gelddinge so solide geregelt sind.

Ein anschauliches Beispiel für diese Lebenseinstellung ist der 56-jährige Beamte Horst B., der mir stolz erzählte: »Für mich ist es wichtig, dass ich meine Finanzen überblicke. Ich bin in Geldsachen sehr korrekt. Rechnungen bezahle ich immer sofort. Ich habe noch nie Schulden bei einer Bank

179

gemacht. In meinem ganzen Leben habe ich mir noch nie – außer bei Freunden oder Nachbarn eine kleine Summe – Geld geborgt. Und ich habe immer eine Sicherheitsreserve, falls mir mal was zustößt. Außerdem besitze ich eine größere Anzahl festverzinslicher Wertpapiere. Aktien mit ihrem unruhigen Kursverlauf sind mir viel zu aufregend. Ich brauche Sicherheit.«

Der verwöhnte Mensch

Während der gehemmte Mensch vorsichtig ist, lebt der verwöhnte Typus so, als müsse für ihn das Paradies schon auf Erden geschaffen werden. Er versucht sich seine Lebenswünsche durch das Geld zu erfüllen und ist dabei teilweise sehr maßlos. Dabei gewinnen solche Menschen oft durchaus unsere Sympathie. Denn meist sind sie wesentlich lebensbejahender als die gehemmten Geldtypen. Sie handeln nach der Überzeugung, dass man nur einmal lebe und dass das Geld zum Ausgeben da sei.

Vor kurzem traf ich auf der Straße einen Kollegen, der auch diese Ansicht teilt. Er hatte jahrelang viel Geld ausgegeben, wenig Rücklagen gebildet und nun sollte er sehr viel Steuern nachzahlen. Ich bat ihn daraufhin um ein Interview und er erklärte mir: »Ich habe immer gut gelebt, hatte ein schönes Auto, ging gut essen. Meine Einstellung zum Geld ist großzügig. Sicherheiten für später haben mich nie interessiert. Natürlich hätte ich nicht den teuersten Mercedes fahren müssen. Natürlich musste ich nicht dreimal am Tag essen gehen. Es hätten auch nicht immer die besten Klamotten sein müssen. Und die Wohnungsausstattung hat auch viel Geld gekostet. Ich hätte bescheidener leben können, aber ich war nie bescheiden, das liegt mir nicht.« Dieser Kollege ist ein Mensch, der immer auf großem Fuße lebt und zu feiern versteht. Aber für Notzeiten ist er wenig gerüstet.

Verwöhnte Menschen wollen die Spielregeln des Lebens außer Kraft setzen. Man könnte auch sagen, dass sie diese Spielregeln recht eigenwillig interpretieren. Denn sie haben immer den Grundsatz: Nehmen ist besser als Geben. Sie haben immer eine Begründung dafür, warum ihnen die Gesellschaft eine Unterstützung schuldet. Und vieles ist dann im Leben von der Absicht getragen, diese Unterstützung zu bekommen. Die Wahl des Partners, die Auswahl der Freunde und die Konstellation des Lebens sind von diesem Anspruch geprägt.

Es ist natürlich nicht unproblematisch, wenn ein Mensch immer wieder auf Kosten anderer lebt. Dies mag man bei sehr kreativen Menschen vielleicht noch billigen. Schließlich beschenken sie die Welt mit ihren Werken und Ideen und haben sich das Geld somit redlich verdient. Folgt man dieser Logik, hatte van Gogh durchaus Recht, wenn er Geld von seinem Bruder forderte. Ähnlich wird jeder kreative Mensch argumentieren. Er wird fordern, dass man ihn der Pflicht des Geldverdienens enthebt, damit er seine kreativen Fähigkeiten entwickeln kann. Doch so verständlich dieser Wunsch möglicherweise sein mag, in der Lebenswirklichkeit verweist er auf eine Neurose. Denn er bedeutet letztlich, dass man nicht erwachsen werden will, dass man nicht auf eigenen Füßen steht, unabhängig und autonom ist, sondern lebenslänglich von anderen Menschen abhängig bleibt.

Das Leben des Fürsten Pückler

Allerdings wäre es falsch, wenn man das Anspruchsdenken des verwöhnten Menschen pauschal verurteilt. Denn diesen Anspruch kann ein Mensch sehr rücksichtslos, aber auch sehr intelligent und originell vorbringen. Besonders interessant ist diesbezüglich das Leben des Fürsten von Pückler-Muskau.

Dieser wird von sehr lieblosen Erziehern und Hauslehrern betreut und im Alter von sieben Jahren in eine Erziehungsanstalt gebracht. Vielleicht ist es dieser Mangel an Liebe, der ihn sehr verschwenderisch werden lässt. Ein Jurastudium muss er nach einem Jahr wieder abbrechen, weil er mit dem Geld so sorglos umgeht, dass ihm die Gläubiger keine Ruhe lassen. Und der Vater will ihn entmündigen, denn sein Sohn hat bald Schulden in Höhe von 50.000 Talern. So viel verdienen damals die meisten Menschen ihr ganzes Leben lang nicht. Nun muss Pückler ein sehr sparsames Leben führen, reist zu Fuß nach Frankreich sowie Italien und besucht auf der Rückreise auch den alten Goethe.

Mit 25 Jahren erbt er ein riesiges Vermögen. Es umfasst ein Land von 550 Quadratkilometern Größe mit einer Stadt von 3.000 Einwohnern und 45 Dörfern, einer Mühle, einer Glashütte und 20 Pachthöfen. 32-jährig heiratet Pückler eine Frau, die genauso großzügig ist wie er. Der Muskauer Park, den Pückler anlegt, verschlingt ungeheure Summen und so kommt er auf die Idee, sich formal von seiner Frau scheiden zu lassen, sich in England eine reiche Erbin zu suchen, um dann eine vergnügte Ehe zu dritt zu führen. Doch Pückler hat mit seiner Werbung kein Glück. Es spricht sich in Adelskreisen herum, dass er nur auf eine reiche Witwe spekuliert. Trotzdem wird die Reise ein finanzieller Erfolg, denn seine Reisebücher machen ihn zu einem der erfolgreichsten Schriftsteller seiner Zeit.

Er reist nun häufig und verliebt sich in Kairo in eine 14-jährige Abessinierin, die er auf dem Sklavenmarkt gekauft hat. Er ist so sehr in die bildhübsche Farbige verliebt, dass eine ernste Ehekrise das Haus Pückler erschüttert. Als die junge Machbuba binnen eines Jahres in Deutschland stirbt, ist Pückler tief getroffen. Er fällt den Entschluss, Muskau, wo Machbuba begraben liegt, zu verkaufen, und erzielt einen hohen Preis. Für den Rest seines Lebens, und das sind immerhin noch 23 Jahre, konzentriert er sich auf die Ausgestaltung des Branitzer Parks. Pückler stirbt in finanziell geordneten Verhältnissen im Alter von 85 Jahren.

Der charmante Schnorrer

Fürst Pückler war ein sehr charmanter Mann, der sich über die Spielregeln des sozialen Lebens lustig machte. Doch letztlich akzeptierte er sie und lebte trotz hoher Ausgaben von seinem eigenen Geld. In seiner Einstellung zum Geld, aber auch in der Liebe war er nach seiner ungestümen Jugendzeit ein sympathischer Geber-Typ. Damit unterscheidet er sich grundlegend von jenen Menschen, die sich auf Kosten anderer durchs Leben schlagen. Sie verhalten sich so, als hätten sie eine große, begründete Forderung an die Welt. Daher borgen sie sich Geld, geben es nicht zurück und haben dabei nicht die geringsten Schuldgefühle. Ewig wird der andere vertröstet, bis er irgendwann begreift, dass er das Geld abschreiben kann.

Vor allem in Partnerschaften werden oft große Summen auf »Kreditbasis« verliehen, die dann nie zurückbezahlt werden. Ein guter Freund erzählte mir kürzlich: »Ich habe meiner früheren Partnerin 5.000 Mark geborgt, als ich merkte, dass sie mit der Miete im Rückstand ist. Natürlich haben wir nichts Schriftliches ausgemacht, denn damals liebten wir uns. Jetzt sind zwei Jahre vorbei und sie hat mir gerade einmal 400 Mark gezahlt. Doch ich brauche das Geld und habe ihr deshalb einen Brief geschrieben. Aber ich habe kaum Hoffnung, dass ich das Geld bekomme.«

Der penetrante Schnorrer

Wer auf Dauer auf Kosten anderer leben will, muss die Kunst des Schnorrens beherrschen. Ein exzellenter Spezialist auf diesem Gebiet war Ludwig Tieck, der immer wieder betonte, dass er das Geld verachtete. Da er es trotzdem brauchte und sehr verschwenderisch lebte, erschnorrte und erpresste er es sich. Bereits mit 19 Jahren machte er als Student bedenkenlos Schulden. Dennoch schreibt er beruhigend der Schwester, als sie ihm kein Geld schicken kann: »Es tut mir ... außerordentlich leid, daß Du Dich über diese Kleinigkeit so ängstigst, da ich dies Geld so außerordentlich nötig gar nicht brauche ...«[88]

Natürlich braucht Tieck Geld. Er unternimmt teure Reisen, leistet sich regelmäßige Kuraufenthalte in Baden-Baden, hält sich einen persönlichen Diener und Hausangestellte. Seine kostbare Bibliothek umfasst mehr als 16.000 Bände. Da er für seinen aufwendigen Lebensstil zu wenig Geld hat, lässt er häufig seine Freunde und seine Verwandtschaft bezahlen.

Als er in den Jahren 1808 bis 1810 in München lebt, mietet er sich eine exklusive Wohnung. Er ist ein Genießer, der gern Austern und Spargel isst und guten Wein trinkt, obgleich er keinen Pfennig Geld besitzt. Immer wieder findet er Gönner, die für ihn bezahlen. Sie reagieren auf seine Notrufe, die mitunter wie eine Erpressung wirken. Erfolgreich schreibt er auch Bittbriefe an Verleger. Bedenkenlos bietet er Werke, für die er bereits einen Vorschuss kassiert hat, einem zweiten Verleger an. Freunde macht er sich mit diesem Verhalten natürlich nicht und so hält ihn auch seine Schwester schließlich für einen gewissenlos handelnden Menschen. Bettina von Arnim bezichtigte ihn sogar der Betrügerei, in seiner Schlechtigkeit sei er zu niederträchtig, er verdiene keine Schonung, solle er auch sterben.

Doch Tieck hat wie viele verwöhnte Menschen Glück. Er trifft im Alter die Gräfin Henriette von Finckenstein, die ihm ihr gesamtes, recht erhebliches Vermögen ohne die geringsten Auflagen zur Verfügung stellt und bis zu ihrem Tod mit ihm zusammenlebt.

Die Kunst der seelischen Erpressung

Trotz seiner Schnorrerei war Tieck ein liebenswürdiger, tüchtiger Mensch. Er war sehr lebenslustig und nach Goethes Tod die anerkannte literarische Autorität Deutschlands. Da er ein unbekümmerter Schnorrer war, hatten seine Mitmenschen die Möglichkeit, auch offensiv Nein zu sagen.

Anders ist dies bei Menschen, die signalisieren, dass sie sich wegen des Geldes in einer Krise befinden. Bei mir sind immer wieder Menschen in Therapie, die so hilfsbedürftig erscheinen, dass sich vor allem Helfer-Persönlichkeiten geradezu gezwungen fühlen, ihnen finanziell unter die Arme zu greifen. Diese Menschen beherrschen die Kunst der seelischen Erpressung durch eine erlernte Hilflosigkeit. In dramatischer Weise zeigen sie uns, dass ihr Leben scheitern wird, wenn wir ihnen nicht helfen. Und der Helfer zieht eine große seelische Befriedigung daraus, dass er moralisch gut handelt und unentbehrlich ist.

Meist ist diese Hilfeleistung ein Fass ohne Boden, was auch die 50-jährige Angestellte Herta erleben musste. Sie hatte einen fünf Jahre jüngeren Alkoholiker kennen gelernt, der schon seit langem von der Sozialhilfe lebte. Da das Geld für seinen Lebensstil und seine hoch fliegenden Pläne nicht ausreichte, gab sie ihm immer wieder sehr viel Geld. Schließlich hatte sie ihm im Laufe von zwei Jahren 22.000 Mark zugesteckt. In einem Gespräch klagte sie: »Ich musste ihm einfach helfen. Er machte immer den Eindruck, dass ihn vor allem das Geld retten könne. Mein Geld. Und so gab ich ihm meine Ersparnisse. Wir hatten nie etwas Schriftliches ausgemacht. Und er hat auch nie gesagt, dass er es mir zurückzahlen würde. Aber ich dachte mir ... Einmal habe ich mit den Zahlungen aufgehört und daraufhin ging es ihm sehr schlecht. Da habe ich ihm natürlich wieder Geld gegeben. Es war wie ein Automatismus. Jetzt sind meine Ersparnisse aufgebraucht und er hat sich von mir zurückgezogen. Ich bin unendlich enttäuscht. Wahrscheinlich hat er jetzt eine andere Dumme gefunden.«

Die Geldnöte Musils

Der seelischen Erpressung durch Hilflosigkeit, Depressionen und Ängste können wir eventuell widerstehen. Doch wie reagieren wir, wenn ein Mensch droht sich umzubringen, falls wir ihm kein Geld geben? Wer auf diese Erpressung nicht eingeht, muss mit dem Gefühl leben, ein potenzieller Mörder zu sein.

Diese Form der massiven Erpressung praktizierte häufiger der Schriftsteller Robert Musil. Seine finanzielle Lage war mitunter so dramatisch, dass er einmal schrieb: »Ich glaube, daß man außer unter Selbstmördern nicht viele Existenzen in einem Augenblick gleicher Unsicherheit antreffen wird, und ich werde mich dieser wenig verlockenden Gesellschaft kaum entziehen können.«[89]

Die Finanznöte Musils ergaben sich aus seinem schwierigen Schriftstellerdasein. Die Hauptkraft seiner Arbeit floss in das Buch *Der Mann ohne Eigenschaften*. Es ist ein sehr interessantes, höchst lesenswertes Buch, das allerdings nie den Weg zu einem Massenpublikum fand. Musil, der an diesem Werk sehr langsam und übergründlich arbeitete, hatte bald Differenzen mit seinem Verleger. Er sollte dem Rowohlt

Verlag, der ihn finanziell unterstützte, regelmäßig Manuskriptseiten abliefern. Als er dies nicht schaffte, stellte der Verlag vorübergehend die Zahlungen ein. Nun drohte Musil wiederholt, er werde sich erschießen. Rowohlt nahm die Drohungen ernst und überwies das Geld.

Musil ging immer davon aus, man werde ihn schon unterstützen. Auch er hatte einen aufwendigen Lebensstil. Gutes Essen und beste Kleidung betrachtete er als selbstverständlich. Dessen ungeachtet beherrschte Musil die elementaren Spielregeln dieser Welt nicht. Beispielsweise war er völlig unfähig, sich als Schriftsteller zu vermarkten. Dieses Defizit betrachtete er zudem als Auszeichnung. Die bekanntesten Schriftsteller seiner Zeit wie Stefan Zweig und Thomas Mann galten ihm dagegen als oberflächliche Vielschreiber. Sie hatten mehr Erfolg als er, was in seinen Augen darauf schließen ließ, dass sie ein geringeres Niveau anstrebten.

Allerdings war Musil nicht nur ein schwieriger Schriftsteller, sondern auch ein schwieriger Mitmensch. Adolf Frisé hat einmal einen Katalog aller Urteile über Musil zusammengestellt. Er sei kühl, verschlossen, maßlos eitel, eiskalt, vernichtend gewesen, trug beste Anzüge, nie strahlend, keine sympathische Persönlichkeit, unzugänglich, fühlte sich nicht genug anerkannt, machte lieber abfällige als positive Bemerkungen.[90] Diese kühle, anspruchsvolle Lebenseinstellung machte es Musil unmöglich, die bestehenden Geldregeln zu akzeptieren und geschickt mit ihnen umzugehen.

In geradezu tragischer Weise lässt sich bei Musil verdeutlichen, wie stark die Einstellung zum Geld durch unsere Kindheit bestimmt wird. Der 1880 geborene Musil soll schon als Kind sehr eigenwillig gewesen sein. So heißt es in einer autobiographischen Schrift: »Habe aggressiv begonnen und mich orientiert, indem ich das Bild der Welt in den höchst unvollkommenen Rahmen meiner Ideen preßte.«[91] Man ahnt, wie gering seine Anpassungsbereitschaft und wie groß sein

Machtstreben war. Dies war das Ergebnis einer sowohl sehr distanzierten als auch verwöhnenden Erziehung. In dem emotional kühlen Elternhaus war es Musil gewöhnt, dass man jeden seiner materiellen Wünsche erfüllte. Als Kind war er mehrfach lebensgefährlich erkrankt und dementsprechend stark neigten die Eltern dazu, ihn zu verwöhnen.

So lebt er bis zum 30. Lebensjahr auf Kosten seiner Eltern. Und auch nach der Ablösung aus dem Elternhaus unterstützen ihn immer wieder spendable Geldgeber. Dieser Geldfluss beginnt erst 1938 fast vollständig zu versiegen, als er in die Schweiz emigrieren muss. Doch gerade dort ist er auf Geld angewiesen. Seine Bücher werden in Deutschland und Österreich verboten, und wieder beginnt die entwürdigende Suche nach Geld. Ein Züricher Pfarrer versucht Journalisten, Verleger und Industrielle auf Musil aufmerksam zu machen. Hin und wieder erhält er kleinere Beträge. Und Freunde, Bekannte und Kollegen schenken ihm manchmal 50, 100 oder sogar 250 Franken. Allerdings muss er sich dafür immer wieder in Erinnerung bringen, Briefe schreiben und Dank sagen. Er hat das Gefühl, betteln zu müssen, und das zerstört sein Selbstbewusstsein. Zehn Tage vor seinem Tode schreibt er: »Es ist viel Ärger und Ohnmacht dabei, viel Erbitterung und viel Wiederholung ... und es ist schließlich doch meine Schuld, wenn ich mit den Menschen nicht zu meiner Zufriedenheit fertig werde, oder wenn ich dieses Lebens überdrüssig werde ...«[92]

Ohne Selbstmitleid hat Musil sehr scharfsinnig erkannt, dass es nicht nur die Emigrationsproblematik war, die sein Leben verdüsterte. Er ahnte, dass es auch seine mangelnde Anpassungsbereitschaft war. Denn es war ein Grundmuster seines Lebens, dass er – nicht nur in finanziellen Angelegenheiten – konsequent seinen Kopf durchsetzen wollte. Schon als Jugendlicher hatte er eher zu den kleinen »Klassendiktatoren« gehört. Diese rücksichtslose Lebenseinstellung zeigte sich vor allem beim Geld. Musil erpresste seine Mitmenschen und mit dieser Lebenseinstellung musste er – früher oder später – scheitern.

Das Rentenphänomen

Musil war in Gelddingen sicherlich ein sehr unsympathischer Erpresser. Doch diese Einschätzung ist einseitig, denn sie berücksichtigt nicht die Lebensleistung Musils. Er war enorm schöpferisch, stellte an sich höchste Anforderungen und schonte sich nicht. Mit anderen Worten: Er war nicht faul. Das unterscheidet ihn fundamental von jenen Menschen, die sich eine Geldquelle suchen, um nicht mehr arbeiten zu müssen. In meinem Bekanntenkreis gibt es einige Frührentner, die durchaus noch arbeiten könnten. Sie leiden unter dem »Rentenphänomen«. Weil sie das Ziel hatten, frühzeitig in Pension zu gehen, kümmerten sie sich nicht genug um die eigene Gesundheit, seelische Stabilität und ihr berufliches Fortkommen. In diesem Sinne erpressten oder erschlichen sie sich ihre Rente.

Das Grundproblem dieser Menschen ist eine ausgeprägte Versorgungsmentalität. Doch glücklich werden sie damit nicht. Zwar könnte man sie gelegentlich beneiden, weil sie über viel Zeit und Muße verfügen. Doch wer sie genauer kennt, weiß um ihre Depressionen und Angstzustände. Denn für die seelische Stabilität ist es besser, wenn man Ziele hat, die man erfüllen kann und muss. Wer allen Pflichten ausweicht – und diese können auch selbst gewählt sein –, gerät zwangsläufig in eine Krise. Und der stärkste Repräsentant dieser Pflichten ist das Geld. Philosophen haben einmal gemeint, wir wären alle schwachsinnig geworden, wenn wir im Paradies geblieben wären. Insofern ist das Streben nach einer zu starken Lebenserleichterung immer verhängnisvoll.

Das Geld abschaffen

Alle Schnorrer haben eine sehr sinnliche Einstellung zum Geld. Ihr gesamtes Gefühlsleben dreht sich ums Geld, das ihre Lebenswünsche erfüllen soll. Und dieses Kreisen um das Geld unterscheidet sie elementar von jenen Menschen, die Geld am liebsten ganz abschaffen wollen. In meinen Befragungen traf ich immer wieder Menschen, die mit dem Geld nichts zu tun haben wollten. Beispielsweise sagte mir eine 26-jährige Psychologin: »Mich nervt das Geld. Es ist für mich eine beleidigende Geste. Durch das Geld teilen sich alle Unterschiede mit. Ich wäre dafür, dass zumindest die Verkehrsmittel und das Wohnen kostenlos wären. Außerdem dürfte das Essen nichts kosten. Man müsste in die Markthalle gehen und sich alles einfach so mitnehmen können. Eigentlich sollte man das Geld abschaffen.«

Diese Idee ist nicht neu. Bereits in den utopischen Romanen des Mittelalters finden wir die Forderung nach der Abschaffung des Geldes und des Privateigentums. Beispielsweise beschreibt Thomas Morus in seinem Roman *Utopia* eine vom Geld befreite Gesellschaft. In dem 1516 verfassten Roman stellt er fest: »Welche Last von Verdrießlichkeit ist in diesem Staate abgeschüttelt, welche gewaltige Saat von Verbrechen mit der Wurzel ausgerottet, seit dort mit dem Gebrauch des Geldes zugleich die Geldgier gänzlich beseitigt ist! Denn wer sieht nicht, daß Betrug, Diebstahl, Raub, Streit, Aufruhr, Zank, Aufstand, Mord, Verrat und Giftmischerei ... mit der Beseitigung des Geldes alle zusammen absterben müssen und daß überdies auch Furcht, Kummer, Sorgen, Plagen und Nachtwachen in demselben Augenblick wie das Geld selbst verschwinden müßten. Ja selbst die Armut, deren einziges Übel doch im Geldmangel zu liegen scheint, würde sogleich abnehmen, wenn man das Geld künftig überhaupt beseitige.«[93]

Diese wahrlich utopische Vorstellung ist später von Marx und Engels in dem Sinne bekräftigt worden, dass jeder nach seinen Bedürfnissen leben solle. Für die sozialistischen Denker lag die Abschaffung des Geldes allerdings in einer fernen Zukunft. Tatsächlich praktizieren aber einzelne Menschen längst die Abschaffung des Geldes. Zu ihnen gehörte die Schriftstellerin Franziska zu Reventlow, die 1871 in Husum geboren wurde.

Sie ignorierte das Geld: Franziska zu Reventlow

In Franziska zu Reventlows Kindheit spielte Geld keine Rolle. Sie erinnert sich: »Wir hielten es als Kinder für überflüssig und armeleutehaft, sich um Geldfragen zu kümmern, und sahen verächtlich auf andere herab, die gegenseitig das Vermögen ihrer Eltern taxierten und darüber Bescheid wußten.«[94] Geld ist für sie wie Luft einfach vorhanden. Und so lässt sie lebenslang alle Gelddinge unbeschwert auf sich zukommen.

Sie bekommt ein Kind, ist allein erziehende Mutter, verdient mühsam Geld mit Übersetzungen, übernimmt eine Versicherungsvertretung, erkrankt und wird schließlich von einer reichen Industriellenfamilie finanziell unterstützt. Sie kann einige Zeit unbeschwert leben, schreibt einen Roman und macht eine Erbschaft. Schließlich ist sie 1907 finanziell völlig »abgebrannt«. In dem autobiographischen Roman *Der Geldkomplex* bekennt sie: »Ich habe die Sache mit dem Geld niemals ernst genug genommen, ließ es so hingehen und dachte, es würde schon anders werden. Kurz, um mich im Freudianerjargon auszudrücken – ich habe es entschieden ins Unterbewußtsein verdrängt, und das hat es sich nicht gefallen lassen ... Es begann sich an mir zu rächen, und das Infame an dieser Rache war, daß es mich nicht nur mied, sondern durch seine völlig Abwesenheit alle meine Gedanken und Gefühle ausschließlich erfüllte, mich vollständig in Anspruch nahm und sich nicht mehr ins Unterbewußtsein verdrängen ließ.«[95]

Franziska zu Reventlow sah schließlich in jedem Menschen einen Gläubiger. Zwar wurde sie von ihren finanziellen Nöten gerettet, indem sie einen baltischen Baron heiratete, der eine standesgemäße Schein-Ehefrau suchte, um nicht enterbt zu werden. Doch für die Vernachlässigung des Geldes und die daraus resultierenden Spannungen zahlte sie einen hohen Preis. Sie starb bereits im Alter von 47 Jahren.

Die kindliche Einstellung zu Geld

Wir ignorieren das Geld nicht ungestraft. Wer Geld nicht ernst nimmt, wird vom Geld bestimmt. Das ist vielen Menschen mit einer infantilen Lebenseinstellung nicht genügend bewusst. Ihr Verhältnis zu Geld ist in dem Sinne kindlich, dass sie die Verantwortung für ihr eigenes Leben nicht genügend übernehmen. Sie treten die Verantwortung für Geldangelegenheiten an andere ab und geben ihnen eine Macht, von der sie letztlich bestimmt werden.

Es hat mich in meinen Untersuchungen immer wieder erstaunt, dass nicht nur viele Frauen ihrem Mann, sondern auch Männer ihrer Frau alle Gelddinge überlassen. Eine 56-jährige Ehefrau berichtete mir: »Mein Mann kann nicht mit Geld umgehen. Er ist immer ›entgrenzt‹. Er redet viel, trinkt viel und würde auch viel Geld ausgeben. Er ist eben ein großer Junge. Alle Geldangelegenheiten regle ich. Er gibt mir sein ganzes Geld, bekommt dafür Taschengeld und ist zufrieden.« Dieser »Deal« hat allerdings verhängnisvolle Konsequenzen: Indem der Mann sich wie ein Kind verhält und behandelt wird, gibt es in der Ehe keine Sexualität.

Wie sehr die Vernachlässigung des Geldes einer kindlichen Rolle entspricht, zeigt auch das Leben von Rainer Maria Rilke, der immer von den Zuwendungen aus dem Elternhaus, des Adels sowie Verlegerkreisen lebte. Selbst noch mit 35 Jahren erhält er regelmäßige Zuwendungen von seiner Mutter. Für ihn ist Geld einfach kein Thema. Er will nur dichten und findet immer wieder Freunde, die ihm – aufgeschreckt durch Bittbriefe und dezente Hinweise – Geld verschaffen.

Rilke hatte fast nie Geld »in den Fingern«. Selbst als seine Bücher Millionenauflagen haben, kann er seinen Lebensunterhalt damit nicht finanzieren. Erst als sein Verleger Anton Kippenberg die gesamte Finanzverwaltung (und dazu gehören die Steuern, die Anlage des Geldes, die Abrechnung der Tantiemen und sogar die Unterhaltszahlungen für seine Tochter) übernimmt, bekommt das Geld in Rilkes Leben zumindest eine äußere Ordnung. Rilke vertraut diesem Verleger in naiver Weise, während beispielsweise Goethe immer wieder mit seinem Verleger verhandelte, feilschte und ihn unter Druck setzte.

Geld ist Autonomie

Rilke will mit dem Geld nichts zu tun haben, weil er nicht erwachsen und selbständig werden will. Denn die Problematik des Geldes ist immer mit dem Thema Autonomie verknüpft. Nur wer Geld hat, sei autonom, schrieb 1949 bereits Simone de Beauvoir in ihrem Klassiker *Das andere Geschlecht*. Insofern ist Geld immer auch ein Gradmesser dafür, wie viel Kontrolle und Macht ein Mensch in seinem Leben anstrebt. Rilke will weder Autonomie, Macht oder weltlichen Einfluss, noch will er Wurzeln schlagen. Er will frei sein wie ein Vogel, der überall sein Futter findet. Dazu braucht man kein Geld, dem immer eine gewisse Erdenschwere anhaftet. Und bei diesem Lebensentwurf ist jeder Besitz und folglich auch jede Wohnung eine Belastung. Demzufolge hatte Rilke nie einen festen Aufenthaltsort und niemand wusste, wo er in einem Jahr leben würde. Diese mangelnde Verankerung im Leben zeigt sich bei Rilke sowohl beim Besitz, beim Geld, aber auch in der Sexualität. Rilke selbst hat durchaus den Zusammenhang zwischen Geld und Sexualität erkannt. In der letzten *Duineser Elegie* führt er auf einem Jahrmarkt ein »Geschlechtsteil des Geldes« vor und man kann zusehen, wie sich das Geld vermehrt.

Rilke verfügte weder über die Potenz des Geldes noch über männliche Potenz. Er suchte in den Frauen mehr die Mutter, weniger oder kaum die Geliebte. Schon als Kind hatte er eine symbiotische Beziehung zu seiner Mutter, und mit 22 Jahren ging er ein enges Verhältnis mit der 36-jährigen, verheirateten Lou Andreas-Salomé ein. Sie ist jene mütterliche Geliebte, zu der er das längste und tiefste Verhältnis hatte. In einer Tagebuchnotiz schreibt Rilke über sein Verhältnis zu ihr: »Einmal kam ich ja so arm zu Dir, fast als Kind kam ich zu der reichen Frau. Und Du nahmst meine Seele in Deine Arme und wiegtest sie … Damals küßtest Du mich auf die Stirne und mußtest Dich tief neigen dazu.«[96]

Auch später hatte Rilke oft enge Beziehungen zu Frauen, bei denen die Sexualität völlig ausgespart war. Das zeigt zum Beispiel sein Verhältnis zur Fürstin Marie von Thurn und Taxis. Sie förderte Rilke, indem sie ihm Geld zukommen ließ oder ihn auf ihre Schlösser einlud. Als »Gegenleistung« bedankte er sich bei ihr – als er seine berühmten *Elegien* fertig stellen konnte –, indem er ihr noch in der Nacht mitteilte: »Im Buch wird … keine Widmung stehn … sondern: aus dem Besitz (der Fürstin Marie von Thurn und Taxis-Hohenlohe)«.[97]

Die Flucht vor dem Geld

Rilke war nicht nur in seiner Produktivität, sondern auch in seiner kindhaften Lebenseinstellung eine außergewöhnliche Persönlichkeit. Wir »Alltagsmenschen« sind weitaus weniger produktiv und auch unsere »Kindhaftigkeit« kennt Grenzen. Meist beschränkt sie sich hinsichtlich des Geldes darauf, dass wir uns nicht darum kümmern wollen. Sehr viele Menschen geben die Verantwortung für ihr Geld an andere ab: an den Partner, an enge Freunde oder an Banken. Oder sie würden das Geld am liebsten sogar verschenken, weil es sie belastet.

Diese Flucht vor der Verantwortung des Geldes ist so verbreitet, dass ich sie fast bei jedem zweiten Interviewpartner angetroffen habe. Am häufigsten hörte ich die Meinung, irgendwie habe man keine Beziehung zum Geld. Und wenn ich genauer nachhakte, spürte ich, dass die Betreffenden sich auch nicht genauer darum kümmern wollten. Ich hatte oft den Eindruck, dass ihnen das Geld unheimlich ist. Als ich beispielsweise mit einem ärztlichen Kollegen über finanzielle Angelegenheiten sprechen wollte, erzählte er mir: »Geld ist für mich kein Thema. In meiner Praxis kümmert sich meine Arzthelferin um die Finanzen. Sie schaut auch immer, ob ich genügend ›Scheine‹ mache. Ich habe einige Lebensversicherungen, die mir ein freundlicher Vertreter vermittelt hat. Ob sie günstig sind, weiß ich nicht. Ich will mich einfach mit solchen Sachen nicht beschäftigen. Geld ist für mich etwas Unangenehmes. Manchmal denke ich, ob nicht die Menschen glücklicher sind, wenn sie arm sind.«

Rilke und die Armut

Das Argument von den glücklichen armen Menschen habe ich häufiger gehört. Nun ist es sicherlich eine Tatsache, dass in weniger reichen Ländern die Gastfreundschaft und die Lebensfreude oft stärker ausgeprägt sind als bei uns. Dennoch ist es naiv, Glück mit der Armut zu verbinden. Denn wo wirkliche Armut herrscht, ist das Glück nicht zu Hause. Das Märchen vom glücklichen armen Menschen dient immer dazu, eigene Defizite zu bemänteln. Man macht aus seiner Hemmung eine Weltanschauung, pflegte der Berliner Psychotherapeut Schultz-Hencke zu sagen.

Dieser Vorgang wird selten so deutlich wie bei der Einstellung Rilkes zur Armut. Er sieht diese nicht als eine Notlage, als zu überwindendes Problem. Angesichts seines eigenen Desinteresses am Geld überhöht er sie und macht aus ihr einen erstrebenswerten Zustand. Für ihn sei die Armut ein großer Glanz von innen, schreibt er in seinem Stundenbuch *Von der Armut und vom Tode* und führt darin zu den Armen aus:

> *Zu ihnen drängt sich aller Staub der Städte,*
> *und aller Unrat hängt sich an sie an.*
> *Sie sind verrufen wie ein Blatternbette,*
> *wie Scherben fortgeworfen, wie Skelette,*
> *wie ein Kalender, dessen Jahr verrann, –*
> *und doch: wenn deine Erde Nöte hätte:*
> *sie reihte sie an eine Rosenkette*
> *und trüge sie wie einen Talisman.*

Jeder Sozialhilfeempfänger wäre wohl über diese Lobpreisung der Armut befremdet. Und Gottfried Benn schrieb zu Recht über dieses Gedicht: »Schließlich reimt sich alles, und es findet sich immer noch ein gräfliches Schloß, von dem aus man die Armen bedichtet.«[98]

Die Entwicklungsfalle

Wie Rilke haben wir alle Schwierigkeiten, schwerwiegende Defizite hinsichtlich des Geldes zu erkennen. Wir machen aus einem Nachteil quasi einen Vorteil und zementieren damit unsere Geldprobleme. Letztlich stehen wir dann doch moralisch als die besseren Lebenskünstler da. Um diese Entwicklungsfalle zu schließen, werten wir all jene Menschen ab, von denen wir hinsichtlich der Finanzen etwas lernen können. Sie sind geldgierig, oberflächlich und Egoisten.

Jeder von uns bewertet die Welt immer so, dass seine eigenen Verhaltensweisen richtig sind. Deshalb ist es auch so schwer, seine Finanzgewohnheiten zu ändern. Sie beruhen auf einem Gesamtlebensentwurf, den wir normalerweise mit allen Mitteln verteidigen. Deshalb bin ich der Überzeugung, dass bei schweren Geldproblemen nur eine Psychotherapie helfen kann, in der die gesamte Lebenskrise aufgearbeitet wird.

Geld ist weder bös' noch gut,
es liegt an dem, der's brauchen tut.

Deutsches Sprichwort

Geldsinn und Lebensträume

Wir alle stehen vor einer enorm schwierigen Aufgabe: Wir müssen das Geld ernst nehmen, ohne seine Bedeutung zu überschätzen. Wir müssen uns um die Geldangelegenheiten kümmern, ohne der Faszination des Geldes zu erliegen. Kaum jemand schafft es, diese Aufgabe vollständig zu lösen. Bei fast allen Menschen kann man deshalb beobachten, dass sie grundsätzlich einem der zwei Grundtypen angehören:

○ dem *Bodenständigen*, der gut mit Geld und den Realitäten des Lebens umgehen kann. Er hat keine »Ader« für schöngeistige Gespräche oder hohe Ideale. Aber er hat einen Sinn für Geld, für Macht und die harten Fakten des Lebens;

○ dem *Sternenmenschen*, der im übertragenen Sinne nach dem Himmel greift und sich im Bereich der Gefühle, Ideale und Werte auskennt. Er schwelgt in höheren Regionen, hat zu wenig Bezug zum Geld, weil er es entweder verachtet oder gering schätzt.

199

Für ein erfolgreiches Leben bedarf es beider Eigenschaften. Die Bodenständigkeit des Geldes ist im günstigen Fall die Grundlage des Lebens, sie vermittelt uns Kraft und ist gleichsam ein Sprungbrett. Und die Ideale geben das Ziel an, sie gestalten das Leben und verleihen ihm Inhalt und Sinn. Wir brauchen beide Elemente, um produktiv zu werden. Wir müssen in beiden Welten leben, indem wir nach den Sternen greifen und dennoch auf der Erde leben. Nur wenn uns dies gelingt, sind wir fähig, kraftvoll zu träumen und unsere Visionen in die Tat umzusetzen. Nur dann ergibt sich jener große Spannungsbogen, der die Quelle jedes interessanten Lebensentwurfes ist. In diesem Sinne ist das Geld eine Brücke, denn es entspringt der bodenständigen Welt und dient dazu, die hoch gesteckten Lebensziele zu verwirklichen. Es reicht allerdings nicht aus, das Geld zu verdienen und dann zu hoffen und zu träumen. Warnend hat Georg Simmel einmal gemeint, Geld sei zwar eine Brücke zu Werten, doch auf ihr könne man nicht wohnen. Aber ohne diese Brücke bleiben unsere Lebensziele nur ein vager Traum.

Geld ist der sechste Sinn

Wie bedeutend Geld für die Verwirklichung der Lebensziele ist, hat Somerset Maugham einmal sehr anschaulich erklärt. Er meinte, Geld sei der sechste Sinn, und wer diesen nicht hätte, könne auch die anderen fünf nicht voll ausnützen. Denn die Entwicklung der verschiedenen Fähigkeiten ergänzt einander. Es ist der verhängnisvolle Lebensirrtum vieler eher sozial oder kulturell orientierter Menschen, sie seien für das Finanzielle nicht zuständig.

Vor allem Künstler teilen dieses Vorurteil. Arm wie eine Kirchenmaus sollte ein Künstler sein, lautete lange Zeit die gängige Meinung. Natürlich gab es immer arme Künstler, beispielsweise die Berliner Schriftstellerin Else Lasker-Schüler.

Sie war eine geniale Künstlerin, die nicht mit Geld umgehen konnte und sich dann auch noch mit ihren Verlegern öffentlich anlegte, die sie daraufhin sieben Jahre lang boykottierten. Sie hatte so wenig Geld, dass sie ihren Sohn in der Armenstation der Königlichen Frauenklinik zur Welt brachte und zeitweise in einem Kellerraum lebte. »Ich trachtete nie nach Geld …«, schrieb sie einmal.

Doch für viele andere Künstler trifft das nicht zu. Damit aber das Klischee des armen Künstlers aufrechterhalten werden kann, wurde ihr Lebenslauf entsprechend manipuliert. Und so glauben wir heute noch die Geschichte vom armen Heinrich Heine, der mittellos starb, und an die von Friedrich von Schiller, der nie an Geld und stets an höhere Ideale dachte. Doch Heine war – am Ende seines Lebens – keineswegs arm und Schiller durchaus geschäftstüchtig. Letzterer kannte seinen Marktwert und als die *Jungfrau von Orleans* ein großer Erfolg wurde, schrieb er 1801 an seinen Verleger Cotta: »… ich darf endlich hoffen, ohne Ihren Schaden, meine Arbeiten im Preiße steigern zu können.« Er forderte für ein neues Stück 300 Dukaten und rechnete dem Verleger auch vor, wie er auf seine Kosten kommen könne, wenn er ein solches Drama in Form eines Kalenders in 1.800 Exemplaren verkaufte.[99]

Dichter und Werbung

Obwohl es immer reiche Künstler und Schriftsteller gegeben hat, besteht noch heute die gängige Meinung, Geist und Kommerz passten nicht zusammen. Dabei haben berühmte Geistesgrößen einen solchen Gegensatz meist gar nicht empfunden. Der Komponist und Geiger Fritz Kreisler war ein genauer Kenner der Börse und hatte dort viel Geld investiert. Der Philosoph und Staatsmann Cicero war ein genialer Finanzexperte, der Schriftsteller und Frauenverführer Casanova ein leidenschaftlicher Börsenspieler, der Wirtschaftsexperte Ricardo ein begeisterter Spekulant. Auch in neuerer Zeit waren sich bedeutende Schriftsteller keineswegs zu schade, um aus ihren Fähigkeiten bare Münzen zu machen. »Keine Frau, die gesonnen ist, ihren Haushalt praktisch und vorteilhaft zu gestalten, sollte versäumen, sich mit Maggis Suppen-Nahrung und Maggis Suppen- und Speisewürze bekannt zu machen«, textete Frank Wedekind 1887 im *Dresdner Anzeiger*. Und Erich Maria Remarque wurde sogar Chefredakteur der Firmenzeitschrift *Echo Continental*. Unbekümmert dichtete er für die Reifenfirma:

> *Drum Contireifen aufgezogen*
> *Dann bleibt Fortuna dir gewogen.*
> *Wenn ihr spielt, auf alle Fälle*
> *Nehmt nur Contitennisbälle.*

Auch der trinkfeste Dichter Joachim Ringelnatz verstand es, seine Fähigkeiten und Neigungen eng miteinander zu verbinden. Für eine nicht unerhebliche Anzahl Sektflaschen pries er das Erzeugnis mit der Empfehlung an:

> *Hast du einmal viel Leid und Kreuz,*
> *Dann trinke Geldermann und Deutz,*
> *Und ist dir wieder besser dran,*
> *Dann trinke Deutz und Geldermann.*

Und der lebenserfahrene Börsenspekulant Kostolany erinnert sich: »Ich habe mit börsenbesessenen Berühmtheiten auch persönliche Erfahrungen gemacht. Obwohl ich Börsianer war, schlug ich Ende der zwanziger Jahre mein Quartier in dem Pariser Künstlerviertel Montparnasse auf. Im dichten Tabaksqualm des Café Dome traf ich oft den großen japanischen Maler Foujita. Trotz der zwei Blondinen, die ihn begleiteten, versäumte er es nie, als erstes zu fragen: ›Nun, mein lieber Kosto, was gibt's Neues an der Börse?‹ Und in einer anderen Ecke unterbrach Ernest Hemingway seine literarischen Debatten, um die letzten Nachrichten aus Wall Street zu hören.«[100]

Nach dem Krieg hatte Kostolany das große Glück, seinem Idol in der Musik, Richard Strauß, zu begegnen und mit ihm eine Freundschaft zu beginnen. Oft saßen sie in Baden bei Zürich beim Essen beisammen und Kostolany hoffte, ein Wort des Meisters über Musik zu vernehmen. Doch vergebens. Immer sprach man nur über Geld, selbst seine Frau Pauline interessierte sich nur für die Börse.

Geld und Kultur sind Geschwister

Samuel Butler hat eindringlich darauf hingewiesen, dass man aus einem sehr fadenscheinigen Grund den Gegensatz zwischen Geld und Kultur konstruiert. Man wolle damit sagen, dass einer, »der seine Zeit mit Geldverdienen zugebracht hat, ein kulturloser Knilch sei. Weit, sehr weit gefehlt ...«[101] Es ist vielmehr so, dass kreative Menschen sehr häufig auch einen sehr engen Bezug zum Geld haben. Fehlt er ihnen vollständig, wirken sowohl ihr Leben als auch ihre Werke eigentümlich blass. Denn es ist der bodenständige, affektvolle Weltbezug, der für die spannungsgeladene Kreativität unentbehrlich ist. Als geradezu typisch kann hier der geniale Picasso erwähnt werden, der bei seinen Geldverhandlungen aus seinen Geschäftspartnern das Äußerste herauspresste. Und selbst Bert Brecht, der das kapitalistische Wirtschaftssystem schonungslos kritisierte, war stolz darauf, dass er die Gesetze des Marktes kannte. Er war immer auf seine materielle Absicherung bedacht und es entspricht seiner persönlichen Lebenserfahrung, wenn er schrieb:[102]

Niedrig gilt das Geld auf dieser Erden
Und doch ist sie, wenn es mangelt, kalt
Und sie kann sehr gastlich werden
Plötzlich durch des Gelds Gewalt.
Eben war noch alles voll Beschwerden
Jetzt ist alles golden überhaucht
Was gefroren hat, das sonnt sich
Jeder hat das, was er braucht!

Brecht war der Überzeugung, dass auch der sozialistische Dichter das Geld nicht verschmähen kann, wenn er ungestört arbeiten will. Als Brecht im Alter von 35 Jahren aus Deutschland emigrieren musste, war er finanziell abgesichert, denn er hatte sich Tantiemen der *Dreigroschenoper* in die Schweiz transferieren lassen. Und selbst in Amerika lebte Brecht nach einer längeren Durststrecke recht komfortabel. Er wohnte in einem größeren Haus mit Garten, fuhr ein eigenes Auto und ein FBI-Mann war irritiert, dass dieser Marxist ein so bürgerliches Leben führte. Brecht war als überzeugter Sozialist keineswegs weltfremd. Er wusste, dass man eine gewisse finanzielle Sicherheit benötigt, wenn man produktiv sein will.

Die Kunst der Vermögensvergrößerung

Macht man sich den Lebensentwurf großer Persönlichkeiten zum Vorbild, muss man zunächst die »Geldscheu« überwinden. Vor allem viele mit Idealen erfüllte Menschen behandeln das Geld wie eine ansteckende Krankheit. Sie belegen es mit einem Tabu und handeln so, als wäre es obszön, darüber nachzudenken oder gar zu sprechen. Doch schon Freud forderte, man solle hinsichtlich des Geldes ebenso aufrichtig sein wie beim Thema Sexualität.

Viele Menschen beschäftigen sich noch immer viel zu wenig mit Geld. Ich war erstaunt, wie oft ich keine Antwort erhielt, wenn ich in den Interviews fragte:

○ Wie viel Vermögen haben Sie, wenn Sie alles zu Geld machen?
○ Wie viel Rente bekommen Sie eines Tages?
○ Wie viel werden Sie eines Tages erben?
○ Wie viel Geld geben Sie monatlich für Miete, Strom, Telefon und Nahrungsmittel aus?
○ Wie viel Geld benötigen Sie monatlich, wenn Sie sich auf das Notwendigste beschränken?

Antworten wie »Da muss ich mal nachrechnen« oder »Da hab ich noch nicht drüber nachgedacht« waren typisch. Es war mitunter erschreckend, dass viele nicht wussten, wie viel Rente sie erhalten würden, auch wenn sie schon über 50 Jahre alt waren. Hier herrscht oft ein Desinteresse beziehungsweise eine Verdrängungsleistung vor, die mitunter verhängnisvoll ist.

Ferner ist es wichtig, dass wir uns hinsichtlich des Geldes und seiner Vermehrung die erforderlichen Grundkenntnisse aneignen. Ich bin immer wieder verblüfft, wie wenig die meisten Menschen über Aktien, die Börse, Dividenden und Rentenversicherungen wissen. Wir sollten uns deshalb die Meinung des griechischen Philosophen Xenophon zu Herzen nehmen, der schon vor 2300 Jahren meinte, es genüge nicht, gesund zu sein, denn die Kunst, das Vermögen zu vergrößern, verdiene auch seine Hochachtung.

Die gelassene Haltung zum Geld

Die Fähigkeit des Geldeinnehmens und seiner Vermehrung ist einer der ersten und wichtigsten Schritte einer langen »Lebensreise«. Das Geld stellt uns die Mittel für diese Reise zur Verfügung, doch im Weiteren geht es darum, das Ziel dieser Reise zu bestimmen und sie entsprechend zu gestalten. Insofern ist Geld nur ein Mittel und darf nicht zum Selbstzweck werden. Damit das Geld kein Dämon wird, der über uns Macht ausübt, müssen wir uns immer klar sein, dass es nur den Zweck hat, unsere Träume zu verwirklichen. Eine sinnvolle Einstellung zum Geld müsste also dem Wahlspruch folgen: Ich habe es, aber es hat mich nicht.

Genau dies war die Devise des Schriftstellers Christoph Martin Wieland, der heutzutage weitgehend in Vergessenheit geraten ist. Er war ein Lebenskünstler und huldigte der Anschauung, man solle sich nicht von Freud oder Leid beherrschen lassen, sondern in Gleichmut Herr der Dinge und Zustände werden. Mit dieser Lebensphilosophie verarbeitete er auch finanzielle Niederlagen. So erwies sich eine von Wieland erhoffte Erbschaft als wesentlich geringer als erwartet und er musste eines der bedeutendsten und langlebigsten deutschen Literaturorgane – den *Teutschen Merkur* – aus finanziellen Gründen aufgeben. Selbst das Gut Oßmannsdorf bei Weimar, das er sich 1797 gekauft hatte, musste Wieland 1803 wieder abgeben. Mit dem Kauf des Gutes war für ihn ein Lebenswunsch in Erfüllung gegangen, doch die Lasten waren so hoch, dass er es nicht halten konnte. Aber auch diesen Verlust trug Wieland mit einer lebensfrohen, gelassenen Einstellung.

Allerdings ist es ungemein schwierig, sich diese gelassene Einstellung gegenüber dem Geld zuzulegen. Denn wir müssen dazu die enorme Bedeutung des Geldes relativieren, indem wir uns bewusst machen, dass es wichtigere Ziele im Leben gibt. Fehlt uns dieses entschlossene Bewusstsein, wird die Beschäftigung mit Geld wie ein Vakuum alle Gedanken und Gefühle auf sich vereinen. Leider ist es jedoch für die meisten Menschen viel einfacher, den Geldsinn zu erwerben, als Überlegungen anzustellen, was sie eigentlich mit dem Geld anfangen wollen. Es ist hier wie mit dem Märchen, das von dem Mann und seiner Frau erzählt, die drei Wünsche frei haben und darüber in Streit geraten. Denn zunächst fallen vielen Menschen keine sinnvollen Wünsche ein. Über das Übliche – »Dann kaufen wir ein Häuschen, machen eine weite Reise und legen was zurück« – gehen sie selten hinaus. Denn oft sind wir so im Alltag eingespannt und zudem so vernünftig, dass wir die Kraft zum Träumen verloren haben.

Das Geld als Schutzmauer

Wie können wir die Kraft zum Träumen wiederfinden? Und wie kann uns das Geld dabei helfen? Es kann uns die Sicherheit geben, die wir brauchen, um entspannt träumen zu können. »Angst essen Seele auf«, heißt es in einem Film von Rainer Werner Fassbinder. Deshalb verlieren wir die Fähigkeit zum Träumen, wenn wir uns zu viele Sorgen machen müssen. Oder wir bekommen sogar Alpträume. Aus diesem Grunde legen wir gern etwas Geld zurück, schaffen uns Sicherheiten und verringern damit unsere Ängste. Schopenhauer kannte diese beruhigende Wirkung des Geldes aus eigener Erfahrung und schrieb einmal, das vorhandene Vermögen sei eine Schutzmauer gegen die vielen möglichen Übel und Unfälle im Leben.

Anschaulich bestätigte mir ein Kollege: »Ich habe mir so viel Geld als Reserve hingepackt, dass ich bei ganz sparsamer Lebensführung ein Jahr davon leben könnte. Seitdem ich dieses Geld habe, bin ich ruhiger geworden. Früher hatte ich immer Geldsorgen. War mein Chef in der Klinik schlecht gelaunt, hatte ich untergründig die Phantasie: Du wirst irgendwann entlassen. Ich merkte die letzten Jahre zunehmend, dass mich die Zukunftssorgen abgestumpfter, müder werden ließen. Deshalb ist für mich diese finanzielle Sicherheit wichtig. Jetzt kann ich wieder das Leben genießen, spazieren gehen und lesen. Ich habe mir wieder einige spannende Biographien vorgenommen. Mein Traum war es immer, lebenslang zu lernen und neugierig zu bleiben. Und mein Geld ist wie eine Schutzmauer, die mir die Verwirklichung dieses Traums ermöglicht.«

Sich Zeit erkaufen

Für die meisten Menschen ist Geldverdienen eine Pflicht. Ihren »eigentlichen« Interessen gehen sie am Feierabend nach und haben ständig das Gefühl, zu wenig Zeit zu haben. Nicht arbeiten gehen zu müssen ist daher das schönste Freiheitsgefühl, das uns das Geld vermitteln kann. Auch Friedrich von Schiller schätzte diese Freiheit sehr hoch ein. Als ihm adlige Gönner auf drei Jahre jährlich 1.000 Taler zum Geschenk anboten, schrieb er 1791 einem Freund, er sei nun »vielleicht auf immer aller Sorgen los; ich habe die längst gewünschte Unabhängigkeit des Geistes ...«

Wir alle sind gelegentlich Arbeitssklaven und können uns mit Geld die ersehnte Unabhängigkeit erkaufen. Deshalb ist die Devise der eiligen Menschen – Zeit ist Geld – zu einseitig. Denn es trifft auch die umgekehrte Aussage zu: Geld ist Zeit. Wir können uns mit Geld regelrecht Zeit erkaufen. Zwar geht es den meisten Menschen nicht darum, sich völlig aus der Pflicht der Arbeit zu befreien. Aber sie wollen sich von lästigen Pflichten freikaufen. Eine Sozialarbeiterin, die immer überbeschäftigt war und noch nach Feierabend Beratungsgespräche durchführte, leistete sich beispielsweise von ihrem Zusatzeinkommen eine Putzfrau. Dadurch erkaufte sie sich in der Woche vier freie Stunden. Begeistert erzählte sie mir: »Endlich habe ich Zeit für mich. Ich komme zum Lesen. Dass ich mal die Beine hochlegen kann und machen kann, was ich will, ist für mich Luxus. Für meine Eltern wäre das Zeitverschwendung gewesen, für mich ist es Luxus.«

Ein Häuschen im Grünen

Man könnte mit einer Wohnung einen Menschen erschlagen, meinte Anfang des 20. Jahrhunderts der Berliner Maler Zille angesichts der Mietskasernen. Er hat damit deutlich gemacht, wie wichtig das Wohnen für die menschliche Entwicklung ist. Tatsächlich empfinden die meisten Menschen ihre Wohnung wie eine Erweiterung ihrer Seele. Sie ist nicht nur Ort der Sicherheit, des Rückzugs, sondern dient auch der Entfaltung des individuellen Lebensstils. Für viele Menschen ist deshalb der Lebenstraum vor allem mit dem Ort und der Art des Wohnens verbunden.

So geht es auch einem 43-jährigen Kollegen, der seit mehr als zehn Jahren in Berlin wohnt. Doch seit die »Mauer« gefallen ist, will er raus. Er ist im Grünen aufgewachsen, hat einen engen Bezug zu Pflanzen und träumt von einem Häuschen am Waldesrand. Er will daher der Stadt den Rücken kehren und ist durchaus bereit, sich für diesen Traum einzuschränken und weniger zu verdienen. »Ich bin dort ein anderer Mensch, es ist nicht nur die saubere Luft, die Ruhe, die Abgeschiedenheit. Es ist eine andere Welt, in der ich zu mir komme, aus der ich gestärkt hervorgehe«, sagte er leidenschaftlich, als ich ihn auf diesen Lebenstraum ansprach.

Allerdings muss man über einen realistischen Umgang mit Geld verfügen, damit aus dem Traumhaus kein Alptraum wird. Als Ende der 80er-Jahre die Zinsen plötzlich erheblich stiegen, stieg auch die Zahl der zwangsversteigerten Häuser steil an, weil viele ihren Bankverpflichtungen nicht mehr nachkommen konnten. Und bei vielen anderen drückten Zinslast und Tilgungen so sehr, dass auch sie ihres Lebens nicht recht froh wurden.

Bildung und Reisen

Unsere Lebensträume hängen stark mit der Lebensphase zusammen, in der wir uns jeweils befinden. Während jüngere Menschen meist sehr aktive, leidenschaftliche Lebensträume haben, dominiert bei vielen Menschen jenseits der Lebensmitte eine Sehnsucht nach Ruhe und Zurückgezogenheit. Dies wurde mir besonders deutlich, als ich mit einer Pädagogin sprach, die sich gerade in einer Umbruchphase befindet. Als sie jünger war, träumte sie nicht nur tagsüber davon, etwas Vernünftiges zu lernen. Sie konnte nicht auf eine höhere Schule gehen, weil sie aus einfachen Verhältnissen stammte.

Im Interview berichtete sie mir: »Der Vater hatte einen kleinen Uhrmacherladen, in dem auch meine Mutter mitarbeiten musste. Trotzdem war das Geld immer knapp. Wir waren sieben Personen und lebten in einer Dreizimmerwohnung, mussten gebrauchte Kleidung tragen und schnell von der Schule runter. Damals musste man noch im halben Jahr 50 Mark Büchergeld zahlen und mein Vater meinte, dass wir das nicht aufbringen können und lieber Geld verdienen sollten. Ich machte eine Lehre als Bürokraft und hatte immer das Ziel, mir mehr Bildung zu erwerben. Ich ging also in München zur Abendschule, jobbte ständig nebenbei als Kellnerin und ging dann zu einem Verlag, wo ich viele berühmte Schriftsteller kennen lernte. Das regte mich an, Germanistik zu studieren. Und schließlich studierte ich auch noch Pädagogik, weil ich gern mit Kindern arbeiten wollte. Bis zum Alter von 36 Jahren habe ich mein ganzes Geld immer in die Ausbildung gesteckt. Jetzt bin ich 46 Jahre alt, muss schauen, wie ich meine Altersversorgung hinbekomme. Meine Träume haben sich gewandelt. Ich denke inzwischen mehr an mich und habe seit langem einen Wunsch: Ich würde gern meine Geschichtskenntnisse erweitern. Ich frage mich oft, wo meine geistigen Wurzeln liegen, würde gern in Europa rumreisen, mich in alten Kurorten erholen und auch das Leben genießen. Dieser Wunsch hat mich motiviert, neu über das Thema Geld nachzudenken. Bisher habe ich mich wohl zu viel als Helfer verstanden, jetzt komme ich dazu, mehr meine eigenen Ziele zu verfolgen, und dazu benötige ich Geld ...«

Voltaire – Finanzgenie und Philosoph

Bei meinen Interviews stieß ich oft auf Skepsis, wenn ich auf das Thema Lebensträume zu sprechen kam. Viele sagten mir, es sei heutzutage nicht die Zeit zum Träumen. Sie bräuchten alle Kraft, um die ständigen finanziellen Hiobsbotschaften zu verdauen und sich darauf einzustellen. Viele hatten Angst vor Entlassungen, mussten finanzielle Einbußen hinnehmen, andere lebten in einer ungewissen Zukunftsfurcht. Nun gibt es sicherlich Zeiten, in denen wir keine Kraft haben, um neue Lebenskonzepte zu entwerfen. Doch langfristig ist es sehr gefährlich, wenn wir quasi nur noch ums Überleben kämpfen. Ist es nicht so, dass wir seelisch nur noch vegetieren, wenn wir hauptsächlich an unsere finanzielle Absicherung denken? Deshalb brauchen wir immer wieder Anstöße und

Vorbilder, damit unser Leben nicht zu sehr in eingefahrenen Bahnen verläuft.

Ein solches Vorbild hinsichtlich des Geldes ist der Philosoph Voltaire, der ein sehr weltbezogener und furchtloser Mensch war. Natürlich hat nicht jeder den Mut oder das Ziel, ihm nachzueifern. Aber aufrüttelnd und ermutigend ist ein solches Leben für uns alle. Denn Voltaire war ein Lebenskünstler, der es genial verstanden hat, sehr viel Geld zu verdienen und in den Dienst seiner großen Lebensträume zu stellen.

1694 als Sohn des königlichen Rates und Notars geboren, erwarb Voltaire frühzeitig Beziehungen und jene Kenntnisse, die ihm schließlich ein hohes Vermögen einbrachten. Schon sein Vater war juristischer Berater des Hochadels und auch Voltaire studierte zunächst Jura und arbeitete später im Büro eines Rechtsanwalts. Zwar wollte Voltaire schon mit 17 Jahren Schriftsteller werden, doch sein Vater bestand darauf, dass er zunächst etwas »Anständiges« lernte. Auf diese Weise erwarb sich Voltaire gründliche Kenntnisse über das Wirtschafts- und Rechtssystem und baute seine Beziehungen zu Finanzleuten und Adligen aus, die schon im Elternhaus ein und aus gingen. Bereits mit 25 Jahren hatte er daher ein beträchtliches Einkommen. Als Vermittler bei Pacht- und Lieferungsverträgen nutzte er seine Beziehungen zum Hofadel und zur Finanzwelt. Und auch als Schriftsteller hatte er mit einem kritischen Werk über Papst und Kirche Erfolg. Der englische Hof unterstützte diese Edition, an der er umgerechnet etwa eine Dreiviertelmillion verdiente.

Voltaire war ein glänzender Finanzexperte. »Es gibt kaum einen zweiten Schriftsteller, in dessen Leben und Korrespondenz Geldgeschäfte aller Art eine so große Rolle spielen wie bei Voltaire ... Er beteiligte sich an Kornaufkäufen, Seefahrtsunternehmen, Aktienspekulationen und sogar an Lieferungen für die Armee.«[103] Sein bemerkenswertester Finanzcoup gelang ihm, nachdem er mit dem französischen Generalkontrolleur der Staatslotterie gesprochen hatte. Dieser hatte sich zu einer grundlegenden Reform der Lotterie entschlossen und Voltaire seine Pläne mitgeteilt. Voltaire errechnete, dass er einen sicheren Gewinn von einer Million Livres erzielen würde, wenn er alle Lose aufkaufte. Mit Hilfe einiger Teilnehmer gelang ihm das auch, und der unbegabte »Lotteriedirektor« war entsetzt, als ihm alle Lose auf einmal zur Einlösung vorgelegt wurden. Er weigerte sich zunächst zu zahlen, wurde aber durch die Behörden dazu gezwungen. Durch diesen Trick gewann Voltaire umgerechnet 2,5 Millionen Mark.

Voltaire liebte das Geld. Er wollte kein Schriftsteller sein, der in armen Verhältnissen lebte. Er stellte einmal fest, mit dem Geld habe er sich vor allem zwei Dinge erworben: Ruhe und Freiheit. Voltaire war schließlich so reich, dass er sich für umgerechnet eine halbe Million DM ein Landhaus in Genf kaufen konnte. Eine solche Summe verdiente er damals in einem halben Jahr. Er war zu der Zeit der vermögendste Schriftsteller Europas. Er kaufte dann noch zwei Landgüter im französischen Grenzgebiet, die er als Schlupflöcher gegen die »Hunde« betrachtete, die ihn verfolgten. Der gegenüber Staat und Kirche äußerst kritische Voltaire war immer in Gefahr, ins Gefängnis gesperrt zu werden. Deshalb lebte er fernab vom politischen Zentrum Paris und konnte notfalls über die nahe Grenze fliehen. Mit über 60 Jahren kam Voltaire nun zur Ruhe und war so produktiv wie nie zuvor.

Durch seine finanzielle Unabhängigkeit konnte er es sich »leisten«, auch bei Rechtsaffären einzugreifen und für die von der Justiz Verfolgten einzutreten. Insofern lebte er die Forderung Sartres, dass es die Pflicht des Schriftstellers sei, bei Ungerechtigkeiten Partei zu ergreifen. Deshalb wurde er auch stürmisch von der Pariser Bevölkerung gefeiert, als er im Alter von 83 Jahren noch einmal Paris besuchte. Drei Monate später starb er.

Voltaire hatte das Glück, in zwei Welten aufzuwachsen: der Welt des Geistes und der des Geldes. Er war nicht nur ein denkender Kopf, sondern auch ein Finanzgenie. Er war vielfacher Millionär, und bei ihm ergänzten sich innerer und äußerer Reichtum auf einzigartige Weise.

Neigung und Pflicht

Natürlich liegt es nicht allen Menschen, sich mit profitablen Geschäften ihr notwendiges Geld zu verdienen, um damit die Verwirklichung ihrer Lebensziele zu finanzieren. Sie haben den Anspruch, sich das Geld mit jenem Beruf zu erarbeiten, der ihren Neigungen entspricht. Sie wollen kein »Doppelleben« führen, sondern in *einem* Beruf sowohl die finanzielle Basis als auch ihren Lebenssinn finden. Von diesem Wunsch sind viele Menschen beseelt.

In meinem Freundeskreis gibt es sehr viele Lehrer, Beamte, Pädagogen und Erzieher, die den Traum eines Berufswechsels haben. Sie möchten der mitunter sehr aufreibenden und belastenden Berufstätigkeit entfliehen und träumen meist von einer kreativen Tätigkeit. Sie wollen töpfern, musizieren, malen oder schreiben. Und sie würden damit gern ihr Geld verdienen. Doch bei allen Freunden blieben diese Wünsche ein Traum. Denn so verführerisch eine solche Lebensveränderung zunächst scheinen mag: Einfach ist sie nicht. Plötzlich wird aus Spaß alltäglicher Ernst. Was vorher Hobby war, muss nun professionell betrieben werden und Geld abwerfen. Wer sich seinen Lebenstraum mit töpfern, musizieren oder malen tatsächlich verwirklicht, hat deshalb meist geerbt, entsprechend geheiratet oder im Lotto gewonnen. Doch gelegentlich gibt es Ausnahmen.

Seit vielen Jahren bin ich mit einem Journalisten befreundet, dessen Lebenstraum immer im Schreiben bestand. Er teilte die Meinung von Sartre, dass man dem eigenen Leben Ewigkeit verleiht, indem man seine Worte in Bleilettern gießt. Er studierte Germanistik, arbeitete später bei einer Zeitung und ist nun freier Journalist. Er schreibt vor allem Artikel über psychologische Themen: Männerfreundschaften, Kindererziehung, Eheprobleme oder Familienkonflikte. Allerdings hat dieses Lebenskonzept einen erheblichen Nachteil: Dieser Journalist muss mit allem, was er schreibt, Geld verdienen. Er steht immer unter dem Druck des Geldes. Die meisten Autoren verdienen mit ihren Büchern nicht ihren Lebensunterhalt. Während sie sich Jahre Zeit lassen können, um in Ruhe ein Buch »nebenher« zu schreiben, hat der Journalist immer den eigenen Kontostand im Kopf. Insofern ist es auch ein Nachteil, wenn Beruf und Pflicht völlig ineinander übergehen.

Der unbeschwerte Lebenstraum

Zwar bewundere ich Menschen, die im Leben alles auf eine Karte setzen. Sie haben einen großen Traum, den sie verwirklichen wollen. Doch schon Freud hat gemeint, man solle wie ein sorgfältiger Kaufmann die Lebensrisiken verteilen. Deshalb ist es besser, wenn wir mehrere Leidenschaften haben, die uns in unterschiedlicher Weise beanspruchen. Meist ergibt es sich so, dass wir mit einer Leidenschaft »verheiratet« sind. Sie ist unser Geldberuf und sichert unseren Alltag. Mit der anderen Leidenschaft haben wir eine Art Liebesverhältnis, das unbelastet ist vom Geldverdienen und den täglichen Pflichten.

So lebt auch eine 52-jährige Psychologin, die als Gutachterin tätig ist. Sie erstellt Gerichtsgutachten und schätzt diesen Beruf. Sie empfindet ihn als Herausforderung und meint: »Ich muss mit den unterschiedlichsten Menschen klarkommen, es sind mitunter sehr schwierige Menschen, aber es ist immer sehr spannend. Denn ich lerne in kurzer Zeit ihre Probleme, die zu der Straftat geführt haben, und ihre privaten Lebensumstände kennen und muss ihr zukünftiges Verhalten einschätzen.« Doch auch diese Tätigkeit hat Nachteile. Als Gutachterin wird man nicht gerade fürstlich bezahlt und ist der Sündenbock, wenn ein Gutachten negativ ausfällt. Sie muss dann damit rechnen, dass es Ärger gibt beziehungsweise dass der Betreffende klagt. So hat sie beim Schreiben immer die Möglichkeit eines Gerichtsprozesses im Hinterkopf.

Als Ausgleich dazu schreibt sie in ihrer Freizeit eine Biographie über eine berühmte Schriftstellerin. Dort hat sie ein Gefühl von Freiheit und Kreativität und empfindet jene Ruhe und Entspannung, die sie bei ihrer Arbeit gelegentlich vermisst.

Sigmund Freud als Schriftsteller

Diese Aufteilung des Lebens in den manchmal aufreibenden Beruf und die geliebte Neigung kannte auch Sigmund Freud. Zwar mochte er seinen Beruf als Psychotherapeut, sofern er von den Hilfesuchenden etwas lernen konnte. Denn er war immer mehr Entdecker, weniger Helfer, und schrieb in seiner Selbstdarstellung: »In den Jugendjahren wurde das Bedürfnis, etwas von den Rätseln dieser Welt zu verstehen und vielleicht etwas zu ihrer Lösung beizutragen, übermächtig.«[104] Freud wollte etwas entdecken und berühmt werden, und es zeigt die Kraft seiner Persönlichkeit, dass er trotzdem die Geduld hatte, sich die Alltagssorgen seiner Patienten anzuhören. Doch diese Geduld war begrenzt. Waren die Patienten zu schwierig, zu gestört, hatte sie schnell ein Ende. Zwar schrieb Freud einmal in einem Brief, Geisteskranke seien wie zersprungene Kristalle und man dürfte ihnen jene Ehrfurcht nicht versagen, die alte Völker Wahnsinnigen bezeugten. Doch in einem anderen Brief äußerte er auch: »Ich mag diese Patienten nicht ... Ich ärgere mich über sie ... Ich empfinde sie so weit entfernt von mir und allem Menschlichen. Eine merkwürdige Art von Intoleranz, die mich sicherlich zum Psychiater ungeeignet macht.«[105]

Wie alle Menschen musste Freud damit ringen, dass er manches in seinem Beruf auch als Belastung und sogar Zumutung empfand. Wirklich entspannen und seinen Lebenstraum verwirklichen konnte er erst nach seiner bisweilen sehr anstrengenden therapeutischen Tätigkeit, die oft neun Stunden am Tag umfasste. Dann setzte sich Freud an den Schreibtisch, um als Forscher und Schriftsteller zu wirken. Und so kommt Walter Muschg zu der Überzeugung, Freud wäre vor allem ein genialer Schriftsteller gewesen. Bereits in seinem 1900 veröffentlichen Traumbuch zeigte er sich als regelrechter Wortschöpfer, indem er Wörter wie Traumquelle, Traumwunsch, Traumverdichtung, Traummaterial und Traumarbeit einführte. Vor allem der ältere Freud verstand sich in erster Linie als Forscher und Kulturkritiker – womit er natürlich kein Geld verdienen konnte.

Freud ist für uns alle insofern ein großes Vorbild, als er trotz aller beruflichen Belastungen seinen Traum von der Erforschung der menschlichen Seele realisierte. Davon profitierte wiederum seine therapeutische Praxis, mit der er sein Geld verdiente. Den sonst häufigen Gegensatz von Pflicht und Neigung hat Freud überwunden, indem sich in seinem Leben beide Bereiche ergänzten und bereicherten.

Die Angst vor dem Euro

Es ist heutzutage immer schwieriger, genügend Geld zu verdienen und trotzdem in Ruhe seine Neigungen zu verwirklichen. Unsere Gesellschaft lebt in einer Aufbruchstimmung, die fatal an die Gründerzeit erinnert, die der französische Schriftsteller Emile Zola in seinem 1871 erschienenen Roman *Das Geld* schildert. Auch damals war die ganze Wirtschaft im Umbruch, es wurden riesige Investitionen getätigt, die Börsenkurse explodierten. Alle verhielten sich wie im Rausch. Doch in dieser ganzen Euphorie gab es warnende Zeichen für eine Überhitzung, eine bevorstehende Krise. Man lebte wie bei einer Tanzveranstaltung, die auf einer Eisscholle stattfand. Die Kapelle spielte, man vergnügte sich und überhörte das Knacken des Eises, das das drohende Unheil ankündigte. Zahlreiche Unternehmungen scheiterten, die Börsenkurse rutschten in den Keller und es griff eine Stimmung der Ernüchterung und Angst um sich.

Diese Warnsignale gibt es seit längerer Zeit auch in der Gegenwart. Wir befinden uns in einem riesigen Umwälzungsprozess, den man in seiner Radikalität als Jahrhundertwerk bezeichnen kann. Die Börse hat darauf bisher geradezu euphorisch reagiert. Der deutsche Aktienindex DAX hat sich innerhalb weniger Jahre verdoppelt und erreicht immer neue Höchststände. Die in den Aktienfonds neu angelegten Gelder haben sich im letzten Jahr vervielfacht. Und die Kurse steigen weiter, ohne dass noch nach fundamentalen Daten wie zum Beispiel dem Kurs-Gewinn-Verhältnis gefragt wird. Doch es reichen kleine Verunsicherungen und die Kurse stürzen ab. Vor allem die Asienkrise im Jahr 1997 hat die Börse über Monate hinweg gedämpft. Es wird Jahre dauern, bis sie wirklich ausgestanden ist.

Die Asienkrise

Die Asienkrise hat ein Ausmaß erreicht, das mit der Weltwirtschaftskrise der 20er-Jahre vergleichbar ist. Innerhalb weniger Monate waren 1997 die Aktien von Korea, Indonesien und Thailand in Dollar gerechnet nur noch 30 % wert. Ganze Wirtschaftszweige sind mittlerweile ruiniert. Zum Sterben zu viel, zum Leben zu wenig – dies ist für Millionen Menschen dieser Länder eine fast tödliche Realität geworden. Ein Bürgerkrieg droht, es finden Pogrome gegen Chinesen statt, die als erfolgreiche Händler und Kaufleute in jenen Ländern tätig sind.

Auslöser für diese Krise war im Wesentlichen ein marodes Bankensystem. Kredite wurden ohne Rücksicht auf Rentabilität und Sicherheiten vergeben. Entscheidend waren oft nicht ökonomische Daten, sondern politische Vorgaben oder Beziehungen innerhalb eines Machtclans. Dabei gehören das Kredit- und Finanzsystem (neben einem verlässlichen Rechtssystem) zu den elementaren Säulen einer Volkswirtschaft. In Europa brauchte es Jahrhunderte, bis sich die bewährten

Spielregeln im heutigen Bankensystem ausgebildet hatten. Dieses verlässliche Bankensystem war weder in Indonesien, Korea noch in Thailand und auch nicht in Japan gegeben. In Japan sollen die Banken insgesamt über eine Billion DM »faule« Kredite in ihren Bilanzen aufgewiesen haben, die sie nicht zurückbekommen werden. Dieses marode asiatische Bankensystem hat nun zum Zusammenbruch ganzer Wirtschaftsteile geführt.

Beunruhigend an dieser Tatsache ist, wie wenig warnende Stimmen es angesichts dieser »asiatischen Grippe« gab, die zu einer Gefährdung des gesamten Weltwirtschaftssystems geführt hat. In den Buchhandlungen stehen noch heute jene Jubelbücher, in denen der Erfolg der »Tiger-Staaten« gepriesen wird. Selbst für Experten ist die Dramatik des Zusammenbruchs überraschend und beängstigend. Das zeigt deutlich, wie instabil mitunter die ökonomische Entwicklung ist. Die Sieger von gestern sind offenbar nicht selten die Verlierer von morgen. In den heutigen stürmischen Zeiten gibt es keine Gewissheiten, auf die wir bauen können. Gründerzeiten sind unruhige Zeiten und nichts für schwache Nerven.

Das hat auch Stefan Zweig in seiner Autobiographie *Die Welt von Gestern* beklagt. In ihr beschreibt er die Welt um die Jahrhundertwende, in der es ein festes Gefühl der Beständigkeit gab. Man baute für die Ewigkeit, plante für die Zukunft und lebte in dem Gefühl, dass alles immer nur besser werden könne. Doch schon damals wurde diese Welt brüchig, das Leben kurzatmiger, unruhiger. Auf die neuen wirtschaftlichen und kulturellen Herausforderungen reagierten auch damals viele Menschen mit Angst. Ihrer alten Sicherheiten beraubt, verloren sie ihre gewohnte Orientierung. Und sie hielten sich fortan an jenes Element, das ihnen eine materielle Sicherheit versprach: Sie sparten und zogen das Gefühl der Sicherheit aus dem Geld.

Der Stolz auf die deutsche Mark

Die Formel »Geld bedeutet Sicherheit« gilt nicht nur, aber vor allem für Deutschland. Zwar gibt es auch hier individuelle Unterschiede, wie wir in Krisenzeiten reagieren. Doch es gibt in jedem Land typische Verhaltensweisen, die einen »Nationalcharakter« ergeben. Beispielsweise sind wir Deutschen meist eher zwanghaft, auf Sicherheit bedacht und sparsam. Wir ziehen unsere Identität nicht daraus, dass wir gern stundenlang essen, abends gemütlich ein Gläschen Rotwein trinken und uns einfach des Lebens freuen. Angesichts des Nationalsozialismus haben wir auch keinen Grund, stolz auf unsere Vergangenheit zu sein.

Stolz sind wir aber auf das Wirtschaftswunder und insbsondere auf die DM, die nun nach über 50 Jahren abgeschafft werden soll. Wir sind vor allem stolz auf die Stärke der DM, die eine der stabilsten Währungen der Welt ist. Andere europäische Länder haben andere Geldprioritäten gesetzt und belächeln teilweise unser Streben nach Preisstabilität. Der berühmte Ökonom Joseph A. Schumpeter hat deshalb einmal gemeint: »Nichts sagt so deutlich, aus welchem Holz ein Volk geschnitzt ist, wie das, was es währungspolitisch tut.« Andere Länder – andere Sitten, kann man auch hinsichtlich der Einstellung der europäischen Nachbarn zum Geld sagen. Deshalb muss es Ängste vor allem in Deutschland wecken, wenn nun die bewährte Sicherheit einer soliden Währung zugunsten des Euro aufgegeben werden soll.

Die unerwünschte Einführung des Euro

Über 70 % der Deutschen lehnen die Einführung des Euro ab, der ab 1. Januar 1999 die Deutsche Mark als Zahlungsmittel ersetzen soll. Sie fürchten um ihr Erspartes, ihre

Altersvorsorge und ihre Arbeitsplätze. Und nur 21 % fühlen sich gut informiert. Tatsächlich hat es noch nie ein dermaßen gewaltiges ökonomisches Vorhaben gegeben, über das so wenig gesprochen wurde. Ein Projekt mit einer so großen historischen Dimension, das derart umstritten ist, fordert zwar öffentliche Diskussionen heraus. Doch über eine Rechtschreibreform wird beispielsweise mehr und erbitterter gestritten als über ein Währungsvorhaben mit einschneidender Bedeutung für einige hundert Millionen Menschen. Es bewahrheitet sich hier wieder die alte psychologische Erkenntnis, dass man lieber über das spricht, was man versteht. So wird in Unternehmen oft viel länger über die Farbe der Klosettbecken als über neue Bilanzierungsrichtlinien diskutiert. Und so ist der Euro selbst in den Wahlkämpfen kein Thema. Von bedeutenden Politikern wird die Euro-Problematik totgeschwiegen, indem sie – wie von Helmut Kohl – als eine Frage von Krieg und Frieden bezeichnet wird.

Die mangelnde Auseinandersetzung mit dem Jahrhundertwerk Euro schafft in der Bevölkerung ein Gefühl der Skepsis und Verunsicherung, das nicht nur psychologisch begründet ist. Der Euro ist ein gigantisches Währungsprojekt, das gegen alle ökonomischen Regeln für ein solches Vorhaben verstößt. Alle großen Währungsvorhaben wie die Schaffung der Mark, des Dollar oder des Franken waren das Ergebnis der Vereinigung verschiedener Länder und bestand vor allem in einer gemeinsamen Wirtschafts-, Innen- und Außenpolitik. Eine gemeinsame Währung war gewissermaßen der Schlussstein des Zusammenwachsens verschiedener Staaten. Doch in Europa hat es einen solchen Prozess des Zusammenwachsens nie gegeben. Deshalb kennen wir auch keine europäischen Schriftsteller, es gibt keine europäischen Zeitungen oder Fernsehsender. In unserer nationalen Identität sind wir Deutsche, Engländer oder Franzosen. Und jedes Land hat seine eigene Wirtschafts-, Innen- und Außenpolitik. Vor allem wir Deutschen wollen das auch nicht anders. Umfragen zeigen, dass 74 % aller Deutschen eine einheitliche europäische Regierung ablehnen.[106]

Offenbar besteht Europa trotz NATO und EG noch immer aus einzelnen Ländern, es fehlt daher die wichtigste Voraussetzung für die Einführung einer gemeinsamen Währung. Deshalb meint auch Wilhelm Hankel, Expräsident der hessischen Landesbank, man müsse das Euro-Projekt »Ikarus« nennen, denn dem Euro fehle ebenso wie dem antiken Fluggerät das seine Flügel zusammenhaltende Bindemittel, das sich bekanntlich bei zu starker Sonneneinstrahlung auflöste.[107] Der Niederländer Wim Duisenberg, Präsident des Europäischen Währungsinstituts und deutscher Wunschkandidat für das Amt des Präsidenten der Europäischen Zentralbank, nennt die Währungsunion ein Abenteuer. Und der Präsident der Schweizerischen Nationalbank äußert treffend, man wolle mit dem Euro das Pferd beim Schwanze aufzäumen, und hält diesen ganzen Vorgang für gefährlich.

Guter Wille und Unfähigkeit

Im Vorfeld der Euro-Einführung gewinnt man den Eindruck, dass nicht nach ökonomischen Kriterien entschieden wird. Es wird nicht gefragt, ob die verschiedenen Länder wirtschaftlich wirklich auf eine gemeinsame Währungsunion vorbereitet sind. Vielmehr wird politisch entschieden. Das ist so ähnlich, als würden wir nur deshalb eine Ehe eingehen, weil wir sie einfach wollen. Ob die Ehe auch sinnvoll ist, ob wir uns lieben und ob eine stabile Grundlage vorhanden ist, fragt man dann lieber nicht. Doch ob eine solche Ehe Bestand hat?

Zudem irritiert, dass es keine verlässlichen Kriterien für die Aufnahme in die Währungsunion gibt. Zwar hat man

Kriterien formuliert, aber sie sind unpräzise und damit untauglich. Es reicht zum Beispiel aus, dass der Rückgang der Staatsschulden »hinreichend rückläufig« ist und sich »rasch genug dem Referenzwert« nähert. Das ist schwammig und bietet kein Vertrauen in die neue Währung, weil hier harte ökonomische Entscheidungen durch politische Macht-prozesse ersetzt werden. Dass beispielsweise Italien – mit seinen zerrütteten Staatsfinanzen – teilnimmt, war vor allem eine Frage eines europäischen Tauziehens. Doch diese Vor-gehensweise ist so abenteuerlich, dass Johannes Gross – ehemaliger Herausgeber des Wochenmagazins *Capital* – meint, man müsste sie kriminell nennen, wenn sie nicht auf politischem Unverstand und gutem Willen beruhen würde. Doch guter Wille gepaart mit Unfähigkeit führt in der Öko-nomie meist zum Scheitern. Gutes gewollt zu haben, reicht eben nicht aus.

Die Schwäche des Euro

Die dilettantische Vorbereitung des neuen Währungsverbun-des wird dazu führen, dass wir Deutschen unsere »harte Mark« gegen einen schwachen Euro eintauschen. Denn jede Währung muss sich das in sie gesetzte Vertrauen verdienen und die unsolide Finanzpolitik der europäischen Staaten hat bereits im Vorfeld des Euro dazu beigetragen, dass es zu einer Aufwertung des Dollar um fast 30 % innerhalb eines Jahres gekommen ist. Dies bedeutet zwar für die deutsche Exportindustrie, dass ihre Waren im Ausland billiger werden. Deshalb boomt der Export. Doch die Einfuhr von Gütern wird erheblich teurer und das führt längerfristig fast immer zu Preissteigerungen.

Aber der Kaufkraftverlust durch den Euro ist nicht die einzige Gefahr der neuen Währung. Große Bedenken hin-sichtlich des Euro haben viele Fachleute auch bezüglich der unterschiedlichen Produktivität in den Mitgliedsstaaten. Bisher hatten alle Länder immer die Möglichkeit einer Währungsabwertung, wenn sie zu teuer produzierten und nicht mehr wettbewerbsfähig waren. Im Ausland wurden die Waren dann billiger und die Volkswirtschaft war wieder konkurrenzfähig. Diese Möglichkeit der Wechselkurssenkung als Konjunktursteuerung gibt es in Zukunft nicht mehr.

Das wird sich als sehr verhängnisvoll erweisen, denn die ökonomische Konkurrenz wird sich im Zuge des Euro verschärfen. Und dieser Konkurrenz werden verschiedene europäische Staaten, Gebiete und Regionen nicht gewachsen sein. Das wäre noch kein Problem, wenn es in Europa eine größere Mobilität der Arbeitgeber gäbe. Doch diese Mobilität ist schon innerhalb Deutschlands keineswegs selbstverständlich. In Europa wird diese Mobilität durch unterschiedliche Sprachen, kulturelle Gewohnheiten und verschiedenartige Gesetze zusätzlich gebremst. In absehbarer Zukunft werden wir deshalb nicht jene Mobilität entwickeln können, die für die Vereinigten Staaten typisch ist. Dort sind regelmäßig mehr als 20 % aller Arbeiter und Angestellten auf der »Wanderschaft«. Sie leben in Wohnwagen oder sind es gewohnt, schnell eine Wohnung beziehungsweise ein Haus zu wechseln. Doch im Unterschied zu den wanderfreudigen Amerikanern waren die Europäer in den letzten Jahrhunderten immer sesshaft und verwurzelt.

Und da es keine europäische Identität, keine länderübergreifende Solidarität gibt, stellt sich auch die Frage, wie wir reagieren würden, wenn plötzlich nicht nur im Baubereich viele Arbeiter aus Italien, Spanien und Portugal eine unerwünschte Konkurrenz bilden würden oder wenn wir riesige Ausgleichszahlungen leisten müssten, weil sonst ganze Landstriche im Mittelmeerraum verarmen.

Die Solidarität der meisten Deutschen wird begrenzt sein, weil sie noch stärker als bisher eigene finanzielle Probleme haben werden. In schlechten Zeiten sinkt die Neigung zur Hilfsbereitschaft. Und mit der Einführung des Euro wird sich der Wettbewerb verschärfen und es wird noch leichter sein, Arbeitsplätze zu verlagern und Investitionen dort zu tätigen, wo sie am billigsten sind oder am meisten Rendite einbringen. Das wird nicht nur auf die Lohnkosten drücken, sondern vor allem auch den Abbau des Sozialsystems beschleunigen. Es droht eine Amerikanisierung unseres Lebens, die vor allem in einer Einschränkung des sozialen Netzes besteht. Nur noch die absolut notwendige soziale Versorgung in Notfällen anzubieten und die stärkere Eigenverantwortung einzufordern, ist die Parole der neuen Zeit. Was sich vor allem Gewerkschaften und die Sozialdemokratie erkämpft haben – dass Wirtschaft mehr ist als die Ausbeutung des Faktors Arbeitskraft –, wird nun nach 120 Jahren in Frage gestellt. Insofern beginnt mit dem Euro tatsächlich ein neues Zeitalter, und es ist nicht erstaunlich, dass vor allem die Großindustrie die neue Währung trotz aller Bedenken begrüßt.

Die Vorteile des Euro

Bei aller Skepsis darf man nicht übersehen, dass der Euro tatsächlich Vorteile für die Wirtschaft mit sich bringt:

○ Exporte und Investitionen werden erleichtert, indem keine Wechselkursrisiken mehr auftreten.
○ Kosten und Preise lassen sich in Zukunft leichter vergleichen.
○ Es entfallen die Kosten für den Umtausch der Währungen.

Allerdings stehen diesen finanziellen Vorteilen zunächst Umstellungskosten durch den Euro in Höhe von weltweit mehr als 300 Milliarden DM entgegen. Daher ist es nicht verwunderlich, dass die stärksten Befürworter des Euro nicht aus der Währungspolitik oder aus der Wirtschaft, sondern aus dem politischen Umfeld kommen. Es gehe bei der neuen Währung um die Idee eines gemeinsamen Europas, wird immer betont. Das ist ernst zu nehmen, denn die heutigen Anstrengungen für ein gemeinsames Europa beruhen auf den schrecklichen Erfahrungen zweier Weltkriege mit ihren Millionen Toten. Kriege in Zukunft zu verhindern, war immer das Ziel der europäischen Friedenspolitik. Der französische Sozialist Léon Blum schrieb deshalb bereits 1941, man müsse starke internationale Einrichtungen schaffen, weil sonst der Zweite Weltkrieg nicht der letzte gewesen sei. Und der französische Finanz- und Währungsexperte Jacques Rueff meinte 1950: »Europa wird durch das Geld entstehen, oder es wird gar nicht entstehen.«

Der Euro ist ein Abenteuer

Es stellt sich die Frage, ob wir das Geld mit einer solchen politischen Aufgabe nicht überfordern. Wenn wir unseren Körper in einer Weise belasten, der nicht seiner Bestimmung entspricht, wird er längerfristig krank und auch im Bereich der Währung beziehungsweise der Wirtschaftspolitik wird es wahrscheinlich gravierende Probleme geben, die durchaus mit einem Fieberanfall verglichen werden können. Niemand wird dabei voraussagen können, welche Probleme auftauchen, welche Gefährdungen bestehen. Denn das ganze Projekt Euro ist ein ökonomisches und politisches Abenteuer. Und das ist gerade in Umbruchzeiten gefährlich. Denn die »Menschen klammern sich in diesen unruhigen Zeiten an die Bruchstücke des Alten und Vertrauten, um von den reißenden Stromschnellen des alles-wandelt-sich nicht fortgeschwemmt zu werden.«[108] Deshalb ruft die Euro-Umstellung in Deutschland so große Ängste hervor. Die älteren Deutschen haben sowohl 1923 als auch 1946 erlebt, dass ihr Geld abgewertet wurde. Nun hat die bevorstehende Währungsumstellung nichts mit einer Geldentwertung zu tun. Aber unübersehbare Risiken birgt sie doch. Wim Duisenberg schätzte noch vor kurzem die Währungsunion als ein gemeinsames europäisches Abenteuer ein. Und die vier Professoren, die gegen den Euro vor dem Verfassungsgericht klagten, stellten fest: »Abenteuer haben es an sich, gefährlich und unberechenbar zu sein. Unser Geld aber ist ein zu kostbares Gut, um den Stürmen des Zufalls und unrealistischen politischen Ambitionen ausgesetzt zu werden.«[109]

Anmerkungen

1 Vgl. Max Weber: *Die protestantische Ethik und der »Geist« des Kapitalismus*, Bodenheim 1993, S. 124
2 Zitiert nach Thomas Montasser: *Geldgenies. Die hohe Kunst des Schuldenmachens. Eine abenteuerliche Bilanz von Cäsar bis Murdock*, Frankfurt/M. 1996, S. 29
3 *Berliner Tagesspiegel* vom 15.12.1997, S. 22
4 Ralph Tegtmeier: *Der Geist in der Münze. Vom magischen Umgang mit Reichtum und Geld*, München 1988, S. 64
5 Napoleon Hill: *Denke nach und werde reich. Die 13 Gesetze des Erfolgs*, München 1980, S. 168
6 Fernsehsendung *Die Erben und die vererben. Beobachtung aus der Welt der Neu-Reichen*, ausgestrahlt am 23.9.1996 im Brandenburger Regionalsender B1
7 Aus: *Berliner Tagesspiegel* vom 28.10.1996, Sonderbeilage »Langfristig ist die Aktie kaum zu schlagen«
8 Marie-Luise Lewicki, Ursula Bölke: *Geld ist nicht nur Männersache*, Bergisch Gladbach 1991, S. 211
9 Franziska Pfeiffer: »Geiz – ein neuer Lebensstil?« In: *Psychologie heute*, April 1997, S. 31
10 Gustavus Myers: *Das große Geld*, Nördlingen 1987, S. 373
11 Ebd., S. 379
12 Jacob Needleman: *Geld und der Sinn des Lebens*, Frankfurt/M. 1993, S. 23 f.
13 Donald Trump: *Surviving at the Top*, New York 1990, S. 31 f.
14 Gustavus Myers: *Das große Geld*, S. 759 f.

15 Ebd., S. 807

16 Friedrich Bräuninger, Manfred Hasenbeck: *Die Abzocker. Selbstbedienung in Politik und Wirtschaft*, Düsseldorf 1995, S. 99

17 Axel Gloger: *Millionäre. Vom Traum zur Wirklichkeit. Geschichten von denen, die es geschafft haben*, Wien 1997 und Jürgen Dunsch (Hrsg.): *An den Schalthebeln der Wirtschaft. 33 Unternehmerfamilien im Portrait*, Stuttgart 1996

18 Vgl. Georg Simmel: *Philosophie des Geldes*, Frankfurt/M. 1988, S. 596

19 André Kostolany: *Kostolanys Wunderland von Geld und Börse*, Frankfurt/M. 1991, S. 152

20 Georg Simmel: *Philosophie des Geldes*, S. 334

21 Antje Bultmann, Hans-Jürgen Fischbeck (Hrsg.): *Gewissenlose Geschäfte. Wie Wirtschaft und Industrie unser Leben aufs Spiel setzen*, München 1996, S. 15

22 *Berliner Tagesspiegel* vom 17.12.1996, S. 13

23 André Kostolany: *Kostolanys Wunderland von Geld und Börse*, S. 182

24 Ebd., S. 150 (auch im Folgenden)

25 Georg Simmel: *Philosophie des Geldes*, S. 597

26 *Spiegel*, H. 11/1997, S. 122

27 *Spiegel*, H. 6/1997, S. 158

28 Georg Simmel: *Philosophie des Geldes*, S. 324

29 In einer SAT-1-Talkshow mit Erich Böhme am 13.7.1996

30 Arthur Schopenhauer: *Parerga und Paralipomena I*, Zweiter Teilband, Zürich 1977, S. 352

31 Joel Covitz: *Myth and Money*, zitiert nach Donna Boundy: *Wenn Geld zur Droge wird. Krisen zwischen Soll und Haben*, Frankfurt/M. 1997, S. 97

32 Paul Kruntorad: »Ludwig Wittgenstein«, in: Carl Corino: *Genie und Geld*, Nördlingen 1987, S. 337

33 Michael Drosnin: *Howard Hughes*, Frankfurt/M. 1987, S. 186

34 Lee Iococca und William Nowak: *Iococca. Eine amerikanische Karriere*, Düsseldorf 1985, S. 134 f.

35 Zitiert nach Carl Corino: *Genie und Geld*, S. 150

36 Theodor Fontane: »Frau Jenny Treibel«, in: *Werke*, Fünfter Band, Dreieich o.J., S. 447

37 Douglas Adams: *Per Anhalter durch die Galaxis*, Frankfurt/M. 1984, S. 7

38 *Berliner Tagesspiegel* vom 19.2.1997, S. 3

39 Michael Mara: »Jedes fünfte Kind krank«, in: *Berliner Tagesspiegel* vom 3.6.1997, S. 14

40 *Deutsches Ärzteblatt 94*, H. 26, S. 1458

41 *Berliner Tagesspiegel* vom 1.5.1997, S. 9

42 Arthur Schopenhauer: *Parerga und Paralipomena I*, Zweiter Teilband, S. 382 f.

43 Blaise Pascal, in: Astrid von Friesen: *Geld spielt keine Rolle*, Reinbek 1991, S. 109

44 Jacob Needleman: *Geld und der Sinn des Lebens*, S. 38

45 Ebd., S. 39

46 Ronald Kessler: *Kaschoggi*, Zürich 1987, S. 278

47 Allen Churchill: *Der Zündholzkönig*, Stuttgart 1957, S. 201

48 Vgl. Mihaly Csikszentmihalyi: *Flow. Das Geheimnis des Glücks*, Stuttgart 1992

49 Honoré de Balzac: *Die tödlichen Wünsche*, Zürich 1977, S. 135 f.

50 Theodor Fontane: *Frau Jenny Treibel*, S. 556

51 Nach Jürgen Hesse, Hans Christian Schrader: *Verdienen Sie soviel, wie Sie verdienen? Von Geld, Geltung und Gerechtigkeit*, Frankfurt/M. 1996, S. 44

52 Arthur Schopenhauer: *Parerga und Paralipomena I*, Zweiter Teilband, S. 351 bzw. 321 (im Folgenden)

53 Siegmund G. Warburg: *Das Leben eines großen Bankiers*, Düsseldorf 1986, S. 254

54 Vgl. Bertold Brecht: »Lied von der belebenden Wirkung des Geldes«, in: *Gesammelte Werke*, Frankfurt/M. 1967, S. 1174 f.

55 Mile Braach: *Rückblende. Erinnerungen einer Neunzigjährigen*, Frankfurt/M. 1994, S. 86

56 Elias Canetti: *Masse und Macht*, Frankfurt/M. 1996, S. 219 f.

57 Donna Boundy: *Wenn Geld zur Droge wird. Krisen zwischen Soll und Haben*, Frankfurt/M. 1997, S. 37

58 Jochen Hörisch: *Kopf oder Zahl. Die Poesie des Geldes*, Frankfurt/M. 1996, S. 213

59 Charles Chaplin: *Die Geschichte meines Lebens*, Frankfurt/M. 1977, S. 272 f.

60 Ebd., S. 16

61 Ebd., S. 130

62 Ebd., S. 136 f.

63 *Berliner Tagesspiegel* vom 13.8.1996, S. 10

64 Alexandre Dumas: *Die Kameliendame*, München 1995, S. 170

65 Colette Dowling: *Der Cinderella-Komplex. Die heimliche Angst der Frauen vor der Unabhängigkeit*, Frankfurt/M. 1995, S. 14

66 Ebd., S. 29 f.

67 *Die Bunte*, H. 20/1994, S. 22

68 Walter Abendroth: *Arthur Schopenhauer*, Reinbek 1967, S. 17

69 Vgl. *Wirtschaftswoche*, H. 47/1994, S. 41 ff.

70 Maria Biehl: »So angeln Sie sich einen Millionär«, in: *Cosmopolitan*, H. 8/1995, S. 34 (auch im Folgenden)

71 Vgl. H.F. Peters: *Zarathustras Schwester*, München 1983

72 Stefan Zweig: *Balzac*, Frankfurt/M. 1979, S. 505

73 Vgl. Carl Corino: *Genie und Geld*, S. 246

74 Wolfgang Leppmann: *Gerhart Hauptmann. Eine Biographie*, Frankfurt/M. 1996, S. 252

75 Honoré de Balzac: *Eugénie Grandet*, Zürich o.J., S. 178

76 Carl Corino: *Genie und Geld*, S. 220

77 Vgl. Grobian Gans: *Die Ducks*, Reinbek 1994, S. 24 f.

78 Lee Iococca und William Nowak: *Iococca. Eine amerikanische Karriere*, S. 31 u. 26

79 Vgl. Stefan Zweig: *Balzac*, S. 325

80 Siegmund G. Warburg: *Das Leben eines großen Bankiers*, S. 254

81 Nach Ulrich Wickert: *Der Ehrliche ist der Dumme. Über den Verlust der Werte*, München 1996, S. 90

82 Antoine de Saint-Exupéry: *Wind, Sand und Sterne*, Düsseldorf 1962, S. 40 f.

83 Erich Scheurmann: *Der Papalagi. Die Reden des Südsee-*

häuptlings Tuiavii aus Tiavea, München 1995, S. 43 f.
84 *Der Spiegel*, H. 12/1996, S. 16
85 Herbert Frank: *Vincent van Gogh*, Reinbek 1976, S. 32
86 Ebd., S. 129
87 Ross Benson: *Paul McCartney. Die Biographie*, München 1992, S. 18
88 Carl Corino: *Genie und Geld*, S. 223
89 Wilfried Berghahn: *Robert Musil*, Reinbek 1963, S. 119 f.
90 Ebd., S. 115
91 Ebd., S. 7
92 Ebd., S. 68
93 Thomas Morus: »Utopia«, in: Jürgen Hesse, Hans Christian Schrader: *Verdienen Sie soviel, wie Sie verdienen?* S. 20
94 In Carl Corino: *Genie und Geld*, S. 375
95 Franziska zu Reventlow: *Der Geldkomplex* und *Der Selbstmordverein*, Frankfurt/M. 1987, S. 10 f.
96 In Carl Corino: *Genie und Geld*, S. 326
97 Ebd., S. 327
98 Ebd., S. 329
99 Ebd., S. 158
100 André Kostolany: *Kostolanys Wunderland von Geld und Börse*, S. 37
101 In Jochen Hörisch: *Kopf oder Zahl*, S. 213
102 Bertolt Brecht: »Lied von der belebenden Wirkung des Geldes«, *Gesammelte Werke*, S. 1174
103 Georg Holmsten: *Voltaire*, Reinbek o.J., S. 47
104 Nach Paul Roazen: *Sigmund Freud und sein Kreis*, Bergisch Gladbach 1976, S. 83
105 Ebd., S. 151
106 Manfred Güllner: »Die Deutschen und der Euro, oder: wie das Volk wirklich denkt«, in: Hans-Ulrich Jörges (Hrsg.): *Der Kampf um den Euro. Wie riskant ist die Währungsunion? 41 Experten und Prominente streiten über das Geld*, Hamburg 1998, S. 134 ff.
107 Wilhelm Hankel: »Europa wird am Euro scheitern«, in: Hans-Ulrich Jörges (Hrsg.): *Der Kampf um den Euro*, S. 141 f.

108 Ulrich Beck: »Europa als Antwort auf die Globalisierung«, in: Hans-Ulrich Jörges (Hrsg.): *Der Kampf um den Euro*, S. 20

109 Wilhelm Hankel u.a.: *Die Euro-Klage*, Reinbek 1998, S. 191